Günter de Bruyn

Tristan und Isolde

Tristan und Isolde

Nach Gottfried von Straßburg
neu erzählt
von Günter de Bruyn

Verlag Neues Leben
Berlin

Farbige Illustrationen von Peter Nagengast

ISBN 3-355-00997-0

6. Auflage, 1989
Lizenz Nr. 303 (305/278/89)
LSV 7001
Schutzumschlag und Einband: Peter Nagengast
Typografie: Ingrid Engmann
Schrift: 12 p Garamond-Antiqua
Gesamtherstellung: Karl-Marx-Werk Pößneck V15/30
Bestell-Nr. 641 954 4
01200

1
Riwalin und Blanscheflur

Im Land Parmenien, das man heut Bretagne nennt, lebte einst ein Fürst mit Namen Riwalin. Er war sehr jung, schön von Gestalt und reich, freigebig, höflich, treu und tapfer und darum allen seinen Rittern Vorbild.

Doch wollte er seine höfischen Tugenden noch verfeinern. Deshalb brach er zu einer Reise auf, die ihn zu König Marke führen sollte, der über Cornwall und England herrschte.

Ein Jahr lang wollte er an dessen großem Hof verweilen. Die Herrschaft über Parmenien vertraute er dem treuen Marschall Rual an. Dann rüstete er ein Schiff und stach in See. Zwölf Ritter begleiteten ihn.

Er landete in Tintajol im Lande Cornwall, kleidete sich und seine Ritter so prächtig, wie es einem Lehnsherrn zustand, und betrat den Hof des vielgerühmten Königs Marke. Der empfing ihn ehrenvoll und hörte seine Bitte freundlich an. Dann sagte er: »Seid willkommen! Alles, was mir gehört, soll Euch zu Diensten sein.«

Riwalin war froh, an Markes Hof bleiben zu können, und der Hof war froh, ihn zu haben. Alle mochten ihn gern und zeigten es ihm, und er war gut zu allen, ob arm oder reich. So lebte der Edle in edler Umgebung und lernte täglich dabei, wie er es sich erhofft hatte. Dann aber begann Markes großes Fest.

Das wurde alljährlich in den blühenden Wochen des Mai gefeiert. Alle Ritter Englands kamen dazu nach Cornwall und brachten schöne Frauen mit. Auf den lieblichen Auen bei Tintajol trafen alle zusammen und erfreuten sich an der Frühlingspracht. Dort gab es Schatten und Sonnenschein, Linden beim murmelnden Quell, das sanfte Wehen des Windes. Waldvögel sangen. Blumen leuchteten aus taubeperltem Gras, und Baumblüten erfreuten das Auge.

Dort lagerten sie; die Leute vom Hof unter Seidenzelten, andere inmitten von Blumen. Diesem war die Linde das Dach, jenem allein der Himmel. Kleider und Essen hatten sie mitgebracht, und auch der König gab reichlich, so daß alle üppig und fröhlich leben konnten.

Das Fest genoß jeder auf seine Weise. Der eine sah den großen Kampfspielen zu, der andere den Einzelturnieren. Dieser ging zum Tanz, jener zu den lieblichen Edelfrauen, deren schönste König Markes Schwester war.

Sie hieß Blanscheflur und war ein Wunder an Schönheit. Nie gab es in England oder anderswo eine, die ihr glich. Jeder Mann, der sie ansah, so sagt man, liebte danach alles Weibliche mehr als vorher, und sein Lebensmut wuchs. Ihr Anblick spornte die Ritter beim Turnier zu besonderen Kühnheiten an.

Sie waren alle dabei, auch König Marke und sein Gefährte Riwalin, in kunstvoll geschnittenen Gewändern. Die Pferde waren mit teuren Decken geziert, von Wolle gewebt oder von Seide, schneeweiß und gelb, rot, grün oder blau. So stritten sie miteinander, jagten über die sonnigen Wiesen, hierhin und dorthin und auch an dem Platz vorbei, wo Blanscheflur und die anderen Schönen saßen und staunten. Denn die Kämpfer ritten prachtvoll, am besten aber der edle Riwalin. An ihm hingen die Blicke der Frauen am meisten.

»Seht doch nur diesen Jüngling!« sagten sie. »Wie gut er reitet, wie gut er auch aussieht! Wie ebenmäßig sind seine Glieder! Wie fest er den Schild hält, wie geschickt die Lanze! Wie schön sein Gewand ist, wie stolz seine Haltung, wie edel jede Bewegung! Wie glücklich muß die Frau sein, die seine Liebe besitzt!«

Das hörte auch Blanscheflur und dachte genauso, aber sie schwieg und hielt ihre Gefühle geheim. Denn schon hatte Riwalin im Königreich ihres Herzens die Krone erobert.

Als nun das Spiel endete und die Ritter sich zerstreuten, ritt Riwalin zufällig an Blanscheflur vorbei, und als er sie sah, grüßte er sie: »Gott segne Euch, Schöne!«

»Habt Dank!« erwiderte das Mädchen errötend. »Gott schenke Euch ein reiches Herz. Doch muß ich diesem Gruß gleich einen Tadel folgen lassen.«

»Was habe ich getan?« fragte Riwalin erschrocken.

»Meinem besten Freund habt Ihr Kummer bereitet«, antwortete sie und meinte mit dem Freund ihr eignes Herz, das er, ohne es zu wissen, in Unruhe versetzt hatte.

Er aber dachte, er habe beim Turnier einen ihrer Verwandten verletzt, und sagte: »Wenn es stimmt, was Ihr mir vorwerft, schöne Frau, so richtet über mich. Ich werde tun, was Ihr verlangt.«

»Ich will es bedenken«, antwortete sie. Doch als er sich vor ihr verneigte und sich entfernen wollte, setzte sie leise hinzu: »Ach, lieber Freund, Gott segne dich!«

Da ritt er verwirrt hinweg, und sein Herz, das ihr schon längst gehörte so wie das ihre ihm, fand keine Ruhe mehr, weil er nicht wußte, ob Liebe oder Widerwillen aus ihren Worten gesprochen hatte. Bald schien es ihm so, bald so zu sein. Am Morgen jubelte er, am Abend packte ihn Verzweiflung. An einem Tag war er sich ihrer Liebe gewiß, am nächsten schon glaubte er an das Gegenteil. Immerfort sah er sie vor sich, ihren Mund, ihr Haar, ihr Kinn und vor allem ihre Augen. Der Schmerz machte ihn krank und zerfahren. Nie lachte er mehr.

Schweigend und mißmutig lebte er dahin. Noch wußte er nicht, daß große Liebe und großes Leid dicht beieinander liegen.
Nicht anders ging es Blanscheflur. Sie hatte noch nie geliebt und begriff nicht, was ihr geschehen war. Mal zürnte sie dem Mann, mal sich selbst. Mal glaubte sie an Krankheit, mal an Zauber. Alle Freuden wurden ihr schal, bis auf die eine: ihn zu sehen. Sie suchte ihn, wo sie nur konnte. Heimlich warf sie ihm Blicke zu. Und wenn auch er sie ansah, dann leuchteten ihre Augen so, daß er die Liebe in ihnen spüren mußte. Da wagte auch er es, ihr mit Blicken seine Liebe zu gestehen. Oft sahen sie sich lange an und wurden froh dabei, weil jeder seine Liebe nun erwidert wußte.
Doch bevor das Glück der beiden richtig begann, wurde es schon zerstört durch Krieg. Markes mächtiger Feind, Morold aus Irland, landete in Cornwall, und Riwalin zog mit den Rittern des Königs ins Feld. Im letzten Kampf wurde er von einem Speer getroffen. Man schleppte ihn nach Tintajol zurück, und jeder, der ihn sah, der glaubte, daß er sterben müsse.
Da hob ein Jammern und ein Trauern an im ganzen Land. Doch niemand trauerte so sehr wie Blanscheflur. War sie allein, schlug sie mit den Händen ihre Brust, worin die Trauerqual zu sitzen schien. So über alle Maßen heftig war dieser Schmerz, daß sie bestimmt daran gestorben wäre, wenn nicht die Hoffnung, den Geliebten noch einmal zu sehen, sie belebt hätte. Sie wollte es versuchen.
Sie schlich zu ihrer alten Lehrerin, die sie ihr Leben lang erzogen und behütet hatte, und klagte der ihr Leid: »Du mußt mir helfen, liebe Meisterin, sonst muß ich sterben.«
»Was fehlt Euch, Herrin?«
»Mich tötet dieser sterbende Mann, Riwalin von Parmenien. Ich will ihn noch einmal sehen vor seinem Tod, allein.«
Da ging die Hofmeisterin zu dem Schwerwunden, tat so, als ob sie mit den anderen um ihn klagen wolle, und flüsterte ihm zu, daß ihre Herrin ihn gern sehen möchte. Dann hüllte sie das Mädchen in die

Kleider einer Bettlerin, verdeckte ihr das schöne Gesicht mit groben Tüchern und führte sie zu Riwalin, der alle Gefährten weggeschickt hatte. Sie brächte eine Ärztin zu dem Kranken, sagte sie zu den Wachen. Da ließen sie sie ein. Von innen verriegelte die Hofmeisterin die Tür und sagte: »Da, seht ihn, Herrin!«

Die schöne Blanscheflur trat zu ihm. »All meine Hoffnung ist dahin!« sprach sie, als es ihm kaum gelang, ihr zuzunicken. Sie setzte sich zu ihm mit starrem Blick und legte ihre Wange stumm an seine, bis ihr vor Glück und Schmerz die Kraft versagte und es Nacht wurde vor ihren Augen. So lag sie lange Zeit besinnungslos, wie tot.

Doch als sie wieder zu sich kam, schlang sie die Arme um ihn, legte ihren Mund auf seinen und küßte ihn, wohl hunderttausendmal. Und weil in diesen Küssen ihre ganze große Liebe war, weckten sie seine Sinne wieder und gaben ihm die Kraft zur Liebe, so daß er das Mädchen fest und innig an sich preßte und beider Wille sich erfüllen konnte.

So empfing König Markes Schwester ein Kind von Riwalin. Fast hätte die Liebeswonne ihn dabei getötet. Doch half ihm Gott, und er genas.

Nun hatten die Liebenden eine glückliche Zeit. Riwalin war gesund, und Blanscheflur wußte noch nichts von dem Kind, das in ihr wuchs. All ihr Verlangen war nur auf ihn gerichtet und seines auf sie. Er gehörte ihr, und sie gehörte ihm. Sie trafen sich heimlich, sooft es ging, und erneuerten das Glück ihrer verbotenen Liebe. Gegen kein Königreich hätten sie das vertauscht.

Aber es währte nur kurz. Aus Parmenien kamen Boten mit schrecklicher Nachricht. Fürst Morgan, Riwalins Feind, war mit vielen Rittern und Knechten über Parmenien hergefallen. Riwalin mußte heim. Das Schiff wurde gerüstet, Pferde und Proviant an Bord gebracht. Riwalin ging zu Blanscheflur, um Abschied zu nehmen.

»Herrin, entlaßt mich«, sagte er ganz hofgemäß. »Ich muß nach Hause. Bleibt gesund und glücklich.«

Blanscheflur aber war stumm vor Schmerz, unfähig, die Höflichkeit zu erwidern. Sie wurde leichenblaß und fiel der Hofmeisterin in die Arme. Da blieb er bei ihr und liebkoste sie, bis sie erwachte.

»Wie trügerisch ist die Liebe«, sagte sie. »Nur kurz ist ihre Süße und lang die Bitternis. Dreifach und unabwendbar ist das Unheil, das mich trifft, durch Eure Schuld, mein liebster Mann. Das erste ist: Ich trag ein Kind von Euch, das zweite: die öffentliche Schande, die nicht nur mich, sondern ganz Cornwall und England trifft, wenn man mir ansieht, daß ich schwanger bin. Das dritte aber ist das Ärgste: Wenn Marke, mein Bruder und König, mich nicht schmachvoll töten läßt, enterbt er mich, nimmt mir mein Gut und meine Ehre, und ich muß ausgestoßen, in der Fremde und verachtet, mein Kind aufziehen ohne seinen Vater – der doch lebt. Seht, Herr, Geliebter, das ist die Sorge, die mich bei lebendigem Leibe töten wird. Wenn Ihr nicht helfen könnt, ist alles aus.«

»Liebste Frau«, antwortete Riwalin, »die größte Freude, die man nur haben kann, hab ich bei Euch erlebt. Dafür werd ich Euch ewig dankbar sein. Ich sag Euch offen, wie ich denke: In Freud und Leid, Glück oder Unglück will niemals ich mich von Euch trennen. Zwei Wege gibt es jetzt für uns. Ihr müßt entscheiden. Entweder ich bleibe hier und steh Euch bei in Eurer Schmach, oder ich fahre, und Ihr fahrt mit mir.«

»Das letzte ist das Beste«, sagte sie.

»Dann, Herrin«, sagte Riwalin, »schleicht Euch bei Nacht zum Hafen. Wenn ich an Bord gehe, nehme ich Euch mit.«

Und so geschah es. Als Riwalin am Abend sich vom König verabschiedet hatte und zu seinem Schiff kam, fand er dort bei seinen Leuten schon seine Geliebte, die schöne Blanscheflur. Und sie gingen gemeinsam an Bord und stachen in See.

In Riwalins Heimat, in Parmenien, war die Not schon groß. Fürst Morgan verheerte das Land. Rual, der treue Marschall, berichtete seinem Herrn ehrlich, wie die Lage war. »Nur gut, daß Ihr da seid«, schloß er. »Das gibt uns allen wieder Mut.« Und sie sandten Boten aus durchs ganze Land, die alle Ritter nach Canoel, Riwalins Schloß, entboten, damit sie auszögen, den räuberischen Feind zu schlagen.

Rual aber, der von seinem Herrn alles über dessen Liebe zu Blanscheflur erfahren hatte, sagte vorher noch zu ihm: »Von einer Frau von Königsrang geliebt zu werden ist ein großes Glück für Euch. Das müßt Ihr Euch erhalten. Deshalb macht sie, sobald der Krieg zu Ende ist, auf einer prächtigen Hochzeit vor aller Welt zu Eurer Frau. Bevor Ihr in den Kampf zieht aber, so rate ich Euch dringend, Herr, laßt Euch nach christlicher Sitte vom Priester trauen.«

Diesem Rat folgte Riwalin. Als die Trauung vollzogen war, gab er seine Gemahlin in die Obhut der zuverlässigen Marschallin, der Frau des Rual, und zog mit seinem Heer dem Feind entgegen. Der stellte sich zur Schlacht, und es begann ein wütendes Fechten.

Ach, wieviel junge Männer mußten da auf beiden Seiten sterben! Auch Riwalin, der Fürst, der Lehnsherr, der junge Ehemann.

Der Jammer über diesen Tod war unbeschreiblich. Doch noch viel schlimmer war es, wie es Blanscheflur erging. O Gott, bewahre uns davor, daß wir das je erdulden müssen!

Sie sagte nichts, sie weinte nicht. Der Schmerz versteinerte ihr Herz. Das Todesleid brachte ihr den Tod. Sie fiel zu Boden, wo sie stand, lag klaglos bis zum vierten Tag, mit solchen Qualen und Krämpfen, wie keine Frau sie sonst erdulden muß. Dann endlich gebar sie einen Sohn. Der war gesund. Sie aber starb.

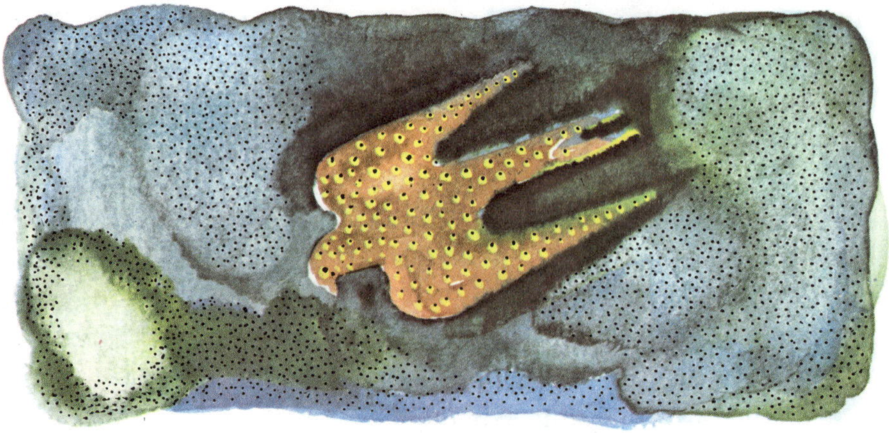

2

Tristans Kindheit

Mit Riwalins Tod war jede Hoffnung auf den Sieg dahin. Rual, der Marschall, wußte, daß durch Waffen weder Land noch Volk zu retten waren, nur durch Klugheit. Und die gebot, sich zu ergeben und Fürst Morgan um Gnade anzuflehen. Denn als Besiegter überleben ist besser, als sinnlos in den Tod zu gehen.

Nach den Verhandlungen mit dem Sieger ritt Rual heim nach Canoel und sprach zu Floreate, seiner Frau, der Marschallin: »Die Treue, die wir Riwalin, dem Toten, schulden, befiehlt uns jetzt, für seinen Sohn zu sorgen. Wenn Morgan erfährt, daß Blanscheflur im Sterben noch dem Thron Parmeniens einen neuen Herrn geboren hat, wird er ihn töten lassen. Um das zu verhindern, müssen wir sagen: Es ist unser Kind.«

Der Fürstensohn, die kleine Waise, wurde nun im Schloß versteckt gehalten. Im Land ließ man verbreiten, die Fürstin habe zwar ein Kind getragen, doch sei es mit ihr zugleich gestorben. Floreate aber legte sich zu Bett wie eine, die ein Kind erwartet, bereitete alles für eine Niederkunft vor, jammerte und stöhnte wie in Wehen und ließ

schließlich das Fürstenkind zu sich bringen, heimlich. Niemand als Rual und die Amme wußten davon.
Rasch verbreitete sich die Kunde, daß die Marschallin einen Sohn bekommen hatte. Und das entsprach sogar der Wahrheit, denn sie behütete und liebte das Kind so sehr, als wenn sie selbst es in ihrem Leib getragen hätte. Und das Kind liebte sie sein Leben lang wie eine wahre Mutter.
Sechs Wochen später trug Floreate auf ihren Armen das Kind zur Taufe. Als der Priester fragte, wie es heißen solle, dachte der Marschall an die Trauer, in der Blanscheflur es geboren hatte, und da man Trauer auch Triste nennt, sagte er: »Tristan!«, und er ahnte nicht, wie genau dieser Name dem Leben dessen entsprechen sollte, der ihn nun trug.
Aber noch war die Zeit der Trauer fern. Wahrhaft fürstlich ließen die Pflegeeltern das Kind erziehen. Bis zu seinem siebenten Jahr blieb es in der liebevollen Obhut der Mutter. Dann holte der Marschall den gebildetsten Mann des Landes, Kurvenal mit Namen, auf das Schloß, als Tristans Lehrer, und schickte die beiden in fremde Länder, um Sprachen zu lernen und die Bücher der Weisheit zu lesen. Auch in allen Arten des Saitenspiels übte sich Tristan, und er betrieb es mit Eifer und brachte es darin zu hoher Kunst. Beim Weitsprung, Wettlauf und Ringkampf, beim Speerwurf, Fechten und Jagen war er bald allen voraus, und im Reiten mit Lanze und Schild übertraf er bald manchen Ritter. Da er nicht nur schön aussah, sondern sich auch nach höfischer Sitte zu benehmen wußte, mochte ihn jeder gern.
Als er mit seinem Erzieher Kurvenal im vierzehnten Lebensjahr zurückkehrte und der Marschall mit ihm umherreiste, damit er auch seine Heimat kennenlernte, sagten alle Leute: Ein so kluges und tüchtiges Kind wie Tristan gibt es im ganzen Land nicht.

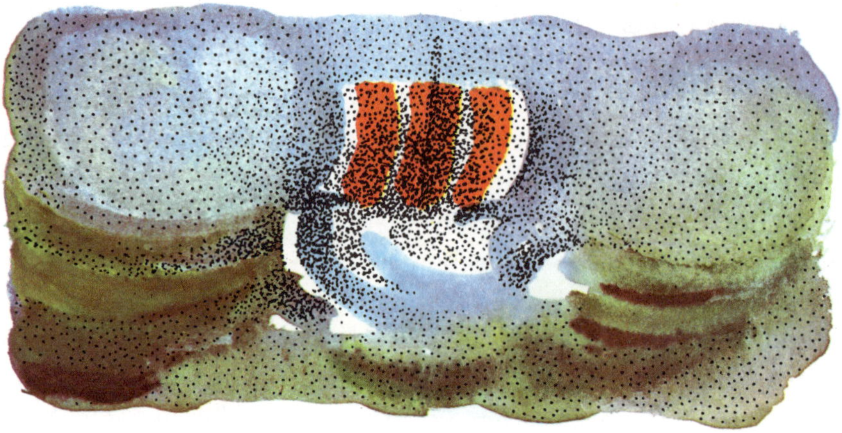

3

Die Entführung

Zu dieser Zeit ging im Hafen von Canoel ein norwegischer Kauffahrer vor Anker, und die Fremden boten den Parmeniern seltene Waren an, darunter auch Jagdvögel. Als Ruals Söhne, Tristans vermeintliche Brüder, davon vernahmen, bestürmten sie den Vater mit Bitten, Tristan und ihnen zu gestatten, das fremde Schiff zu betreten; denn sie wußten, daß Tristan gern Jagdvögel haben wollte.

Der Marschall, der keinen Wunsch Tristans unerfüllt ließ, nahm diesen und seine Söhne an die Hand und ging, von Kurvenal begleitet, mit ihnen zum Hafen hinunter, wo das Volk die Waren bestaunte, die die Norweger dort ausgebreitet hatten: teuren Schmuck, kostbare Stoffe und auch die Vögel. Da gab es Wanderfalken und Baumfalken, Merline, Sperber und Habichte, und der Marschall kaufte den Kindern, was sie sich wünschten. Schon wollten sie heim aufs Schloß, da sah Tristan, zu seinem Unglück, zufällig im Schiff ein Schachspiel hängen, kunstvoll gearbeitet, die Figuren aus Elfenbein geschnitzt.

»Sagt, edle Kaufherrn«, rief Tristan erfreut, »kann einer von Euch vielleicht Schach spielen?«

Das wunderte die Kaufleute sehr. Nicht nur, weil der Knabe so gut aussah, so herrlich gekleidet war und so feine Manieren hatte, sondern vor allem, weil er mit ihnen in ihrer Muttersprache redete, auf norwegisch, das sonst in Parmenien niemand verstand.

»Gewiß«, sagte einer von ihnen, »von uns verstehen viele diese Kunst. Wenn Ihr mit mir spielen wollt, ich bin bereit.«

Er nahm das Brett von der Wand, stellte die Figuren auf, und bald waren Tristan und er in das Spiel vertieft. Rual sah eine Weile zu, dann nahm er die Falken und ging mit seinen Söhnen auf das Schloß zurück. Kurvenal ließ er bei Tristan, damit er auf ihn achte.

Die Kaufleute standen um die Spielenden herum und staunten über die Begabung des Jungen. Er spielte gut und kannte auch die vielen Fachausdrücke des Schachs. Am meisten aber wunderte sie, wie viele Sprachen der Knabe beherrschte. Sie redeten ihn mal in dieser, mal in jener an, und immer antwortete er fließend. Dann forderten sie ihn auf, Lieder zu singen, und er sang ihnen heitere und ernste und spielte dazu auf der Laute.

»Wenn dieses Wunderkind bei uns bliebe«, sprachen sie heimlich zueinander, »wie könnte es uns nützen mit seinen Sprachkenntnissen und seiner vornehmen Art!« Und sie beschlossen, ihn zu entführen.

Während Tristan wieder beim Schach saß und Kurvenal zusah, lichteten die Händler heimlich die Anker, stießen das Schiff vorsichtig vom Ufer ab, ruderten es leise ins offene Meer hinaus und setzten die Segel. Als Tristan endlich vom Spiel aufsah und mit Entsetzen merkte, daß das Schiff sich bereits in schneller Fahrt befand, war das heimatliche Ufer schon am Horizont verschwunden.

»Was habt ihr mit mir vor, ihr Herren?« rief er, und als er erfuhr, daß er mit ihnen in fremde Länder segeln und ihnen als Dolmetsch dienen sollte, begann er zu jammern und zu klagen. Er stürzte in Kurvenals Arme, und dieser flehte die Kaufleute an, das Kind und ihn doch freizugeben. Aber die ließen sich nicht erweichen. Sie rissen Tristan von Kurvenal los und sperrten ihn in eine Kajüte. Da sie hofften, der Knabe würde schneller die Heimat vergessen und sich in sein Schicksal fügen, wenn er den Lehrer nicht mehr um sich hätte, setzten sie Kurvenal in ein kleines Boot, gaben ihm Brot und ein Ruder mit und ließen ihn hilflos auf dem Meer zurück. Sie aber segelten mit dem weinenden Knaben weiter, auf England zu.

Bald danach verdunkelte sich der Himmel, und ein mächtiger Sturm kam auf. Er zerriß die Segel, zerbrach die Ruder. Hilflos trieb das Schiff auf den tobenden Wellen. Mal wurde es himmelwärts gehoben, dann wieder in Abgründe geschleudert. Es krachte und bebte und schien zerbersten zu wollen. Niemand konnte auf seinen Füßen stehen. Jeder lag am Boden, hielt sich irgendwo fest, um nicht über Bord gespült zu werden, und bat Gott um sein Leben.

Acht Tage und acht Nächte tobte das Unwetter. Am neunten Tag, als alle den Mut verloren hatten, rief einer der Norweger seinen Gefährten zu: »Ich fürchte, ihr Männer, der Sturm ist die Strafe für unser Verbrechen. Vielleicht hat Gott ein Einsehen, wenn wir geloben, den Knaben sofort freizulassen, falls wir wieder festes Land erreichen.«

Alle stimmten ihm zu, und sofort wurde der Sturm schwächer. Die Wellen beruhigten sich, das Meer wurde glatt, und im strahlenden Sonnenschein sahen sie Land vor sich, auf das das Schiff zutrieb.

Sie landeten glücklich, ergriffen Tristan, setzten ihn ans Ufer, gaben ihm Brot, sprachen: »Gott schütze dich!« und fuhren eilends davon. Den weinenden Jungen ließen sie in der fremden Einöde zurück.

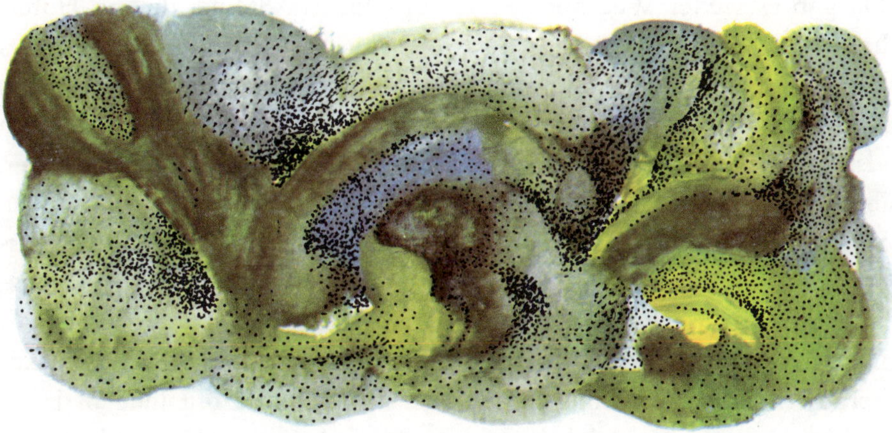

4

Die Pilger

Da saß er nun in seinen kostbaren Gewändern im fremden Land und wußte nicht wohin. Die Gegend ringsum war menschenleer, kein Acker und kein Haus, nur Felsen, Wildnis, Wüstenei. Angst bedrückte ihn, vor allem die vor wilden Tieren, vor Wölfen oder Bären. Schon neigte sich der Tag dem Ende zu. Waffenlos im Wald zu übernachten, so dachte er, würde sicher sein Tod sein. Er mußte versuchen, Menschen zu finden. Landeinwärts war ein hoher Berg. Den wollte er erklimmen und von dort Ausschau halten.

Vor Furcht und Heimweh weinend, machte er sich auf den Weg. Doch störte ihn beim Gehen die vornehme Kleidung. Er trug Rock und Mantel aus orientalischer Seide, glänzend, bunt durchwoben, mit bestickten Borten besetzt, außen grün wie junges Maiengras, innen pelzgefüttert mit weißem Hermelin. Den Rock, der ihn störte, zog er höher unter den Gürtel. Den Mantel rollte er zusammen und trug ihn auf der Schulter. So verließ er das Ufer und schritt auf die Berge zu, erst über Felsen und Geröll, dann bergauf durch den Wald, der undurchdringlich schien.

Da gab es weder Weg noch Steg, nur Dornen, Steine, dichtes Unterholz.
Bald schmerzten ihm die Beine vom mühsamen Steigen, aber die Angst trieb ihn vorwärts, höher und höher, dem Gipfel zu. Doch als er ihn erreichte, war die Enttäuschung groß. Die Bäume sperrten ihm die Sicht.
Schon wollte er vollends verzweifeln, da sah er einen Fußpfad, grasbewachsen, schmal, sich abwärts winden. Dem folgte er sofort und geriet nach kurzer Zeit auf einen breiten Weg.
Der wird mich wohl zu Menschen führen, dachte er. Da sah er in der Ferne schon zwei kommen. Es waren alte Männer mit langem Haar und Bart. Sie trugen ärmliche leinene Mäntel, breite Hüte und eng geschnürte Leinenhosen, die eine Handbreit über dem Knöchel umgeschlagen waren. Sie gingen barfuß, in der Hand den Pilgerstab, und sagten Gebete und Bibelsprüche andächtig vor sich hin.
Erst fürchtete Tristan, es könnten böse Menschen sein, die ihn wieder fangen und entführen wollten. Doch als er sah, daß es fromme Pilger waren, setzte er sich an den Wegrand und wartete auf sie.
Ehrfürchtig sprang er, als sie bei ihm waren, auf und grüßte mit gekreuzten Händen. Sie grüßten freundlich wieder und wunderten sich sehr, ein so vornehmes Kind allein weit weg von jedem Ort zu finden.
»Vielliebes Kind, was tust du hier?« fragten sie, und da sie englisch sprachen, wußte Tristan nun, in welchem Land er sich befand.
Vorsichtig, wie Erfahrung ihn gemacht, sagte er nicht die Wahrheit, sondern erfand eine Geschichte, die ihnen verbarg, daß er ein Fremder war.
»Ihr frommen Herren«, sprach er, »ich ritt heute mit anderen zum Jagen. Ich verirrte mich. Mein Pferd stürzte und lief ohne mich davon. Dann fand ich diesen Pfad, kam darauf hierher und weiß nicht, wo ich bin.«
»Dies ist der Weg nach Tintajol, der Hauptstadt Cornwalls«, antwor-

teten die Pilger. »Wir hoffen, es noch heute zu erreichen. Willst du, so geh mit uns.«
Da machte Tristan sich auf den Weg zum Schloß des Königs Marke. Doch wußte er nichts davon, daß das der Bruder seiner wahren Mutter, Blanscheflur, sein Onkel also, war.

5
Die Jäger

Tristan und die Pilger waren noch nicht weit gewandert, als Lärm von Menschen und von Hunden sie erschreckte. Jagdhörner ertönten. Augenblicke später sprang ein Hirsch aus dem Wald heraus, verfolgt von Hunden und von Reitern. Durch langes Hetzen war er am Ende seiner Kraft. Er floh nicht weiter, sondern setzte sich zur Wehr, bis er den Todesstoß empfing. Er brach zusammen.

»Ihr gottesfürchtigen Herren«, sagte Tristan zu den Pilgern, »das sind die Leute, die ich im Wald verlor. Habt Dank für die Begleitung!«

»Behüte dich Gott, Kind«, wünschten ihm die beiden und zogen weiter ihren Weg. Tristan aber ging auf die Schar der Jäger zu. Deren Meister fing gerade an, den Hirsch zu vierteilen, wie man es mit Schweinen macht.

»Nicht doch!« rief Tristan. »So zerlegt man doch kein edles Wild!«

Der Jägermeister schaute auf und fragte: »Wie denn sonst?«

»Wenn Ihr erlaubt, Herr«, sagte Tristan, »zeige ich es Euch.«

Er tat den Mantel beiseite, streifte die Ärmel auf und strich sein seidiges Haar hinter die Ohren. Dann begann er, und zwar so geschickt,

daß die Jäger voller Bewunderung waren. Sie traten alle näher, um besser sehen zu können.
Der Hirsch lag auf dem Rücken. Tristan stellte sich über ihn, trennte erst das Fell von Kopf und Beinen und zog es dann ganz ab. Dann zerlegte er das Fleisch und häufte alle Stücke, Seiten, Brust, Bug und Beine, säuberlich übereinander. Die Jäger bat er, die Innereien zu reinigen. Von den Büschen des Waldrands schnitt er einen gegabelten Zweig, band Leber, Nieren und Hoden daran und gab die Gabel einem Knecht zum Halten. Die Hirschhaut breitete er im Gras aus, schnitt Milz, Herz und Lunge in kleine Stücke, legte sie auf die Haut und rief die Hunde, die blitzschnell kamen und ihren Anteil fraßen.
»Das macht sie scharf, ihr Herren«, sagte Tristan. »Das Rückenstück aber verteilt ihr an die Knechte. So ist es richtiger Jagdbrauch. Jetzt schneide jeder Jäger sich einen Zweig vom Baum und binde einen Teil des Hirschs daran. So reitet ihr zum Hofe, doch in der rechten Ordnung bitte.«
»Die richtige Ordnung müssen wir von dir, Prachtkind, erst lernen«, sagte der Jägermeister. »Komm mit uns!«
Sie holten ihm ein Pferd, und er saß auf und ritt mit ihnen los. Mal ritt der eine, mal der andre Jäger neben ihm. Sie sahen ihn bewundernd von der Seite an und stellten Fragen, weil sie erfahren wollten, aus welchem Land er stamme, von welchem Stand er sei. Tristan stillte ihre Neugier, doch aus Vorsicht mit einem neuen Märchen.
»Jenseits des Meeres liegt ein Land, das die einen Bretagne, die anderen Parmenien nennen. Dort lebt mein Vater, der ein Kaufmann ist. In unserm Haus verkehrten viele Leute aus aller Herren Länder. Von ihnen lernte ich fremde Sprachen und fremde Sitten. Da packte eines Tages mich die Sehnsucht, das alles einmal selbst zu sehen. Ich lief von Hause fort, bestieg ein Schiff, und so bin ich hierher geraten.«
Die Jäger glaubten ihm, doch wunderte sie, daß er nur eines Kauf-

manns Sohn sein sollte. »Jeder König«, sagten sie, »könnte froh sein, einen solchen Sohn zu haben.«
Und als sie ihn fragten, wie er hieße, und er seinen richtigen Namen sagte, fanden sie diesen unpassend. »Nicht von Trauer sollte in deinem Namen die Rede sein, sondern von froher, lachender Jugend.«
Nun endete der Wald. Vor ihnen erhob sich mächtig Tintajol, das Schloß des Königs Marke. Tristan sprang vom Pferd, brach von einer Linde schönbelaubte Äste ab, wand sie zu zwei Kränzen und setzte einen sich, den anderen dem Jägermeister auf das Haupt.
So ritten sie zum Burgtor, wohlgeordnet, nach Tristans Weisung immer zu zweit nebeneinander, der Jägermeister und er voran, dann die Männer mit Kopf und Geweih, darauf die mit Brust und Hinterteil, am Schluß die Männer mit dem Fell und der Astgabel mit den Innereien.
Tristan hatte sich ein Jagdhorn geben lassen. Das blies er erst allein, dann fielen, nach seiner Melodie, die andern ein, schön und laut, so daß die ganze Burg davon erschallte.

6
Am Königshof

König Marke und sein Gefolge erstaunten sehr, als sie das unbekannte Jagdlied hörten. Sie liefen auf den Burghof, um zu sehen, wer da sei und was es gäbe. Markes Blick fiel sofort auf Tristan, und sein Herz schlug heftig vor Freude, als er den schönen Knaben sah.
Dem König zum Gruß begann Tristan noch einmal zu blasen, so hell und lieblich, daß keiner der Jäger dabei mithalten konnte. Dann setzte er das Hifthorn ab und sprach: »Gott erhalte König Marke und alle seine Leute!«
Der König grüßte wieder und schaute Tristan lange an. Dann rief er den Jägermeister zu sich und fragte, wer der artige Knabe sei.
»O Herr, er kommt aus Parmenien, heißt Tristan und gibt vor, eines Kaufmanns Sohn zu sein. Doch ist das kaum zu glauben. Wann hätte je ein Kaufmann, der immer rastlos hasten muß, schon Zeit gefunden, einen Sohn so sorgsam zu erziehen. Wie kann ein Kaufmannssohn die edelsten Jagdgebräuche kennen, die uns noch unbekannt waren bis heute?«
Tristan sprang vom Pferd und trat auf König Marke zu. Alle bewun-

derten seine schöne Gestalt, sein kostbares Gewand, die weiße Haut, das braungelockte Haar.
»Tristan aus Parmenien«, sagte der König, »willst du mein Jägermeister sein?«
»Ich will es, Herr!«
Von nun an gehörte Tristan zum Hof von Tintajol. Der König liebte den Jungen und war gut wie ein Vater zu ihm. Auch sein Gefolge mochte den Fremdling sehr, weil er höflich und freundlich war, hilfsbereit gegen arm und reich, und weil er lachen und tanzen, springen und reiten konnte wie keiner sonst.
Eines Tages hörten sie nach dem Essen einem Harfenspieler zu, einem Meister seiner Kunst. Tristan saß zu seinen Füßen und war sehr bewegt; denn der Harfner spielte Lieder seiner Heimat.
»Wie gut Ihr diese Weisen spielen könnt, Meister!« sagte Tristan.
»Verstehst du denn was davon?«
»Ein bißchen. Doch bin ich lange aus der Übung.«
»Versuch es mal!«
Tristan ergriff die Harfe mit geübten Händen, schlug Probetöne erst, nahm den Schlüssel, stimmte die Saiten und begann das Spiel, das bald sein Amt am Hofe werden sollte. Alle eilten herbei, als seine erste Weise ertönte, und lauschten gerührt. Selbst die Stumpfen und die Toren wurden ergriffen, und ihre Augen folgten gebannt dem Lauf seiner Finger.
Erst spielte er parmenische Weisen, dann die anderer Länder und sang dazu, englisch und walisisch, lateinisch und französisch.
»Komm zu mir, Freund«, rief Marke, als er endete. »Willst du mich jeden Tag mit deinem Spiel erfreuen?«
»Gern, Herr«, sagte Tristan bescheiden, »so gut ich es vermag. Ich lernte alle Saiteninstrumente spielen, die es gibt, doch sieben Jahre nur, kann deshalb keins so gut, daß ich damit zufrieden wäre.«
»Beherrschst du denn auch die Sprachen alle, in denen du sangst?«
»So ziemlich«, sagte Tristan und war sofort von Leuten umlagert, die

aus andern Ländern stammten und ihn nun in ihren Muttersprachen prüften. Die Iren fragten ihn in ihrer Sprache, die Norweger, die Deutschen, Schotten, Dänen, und allen antwortete er freundlich und einwandfrei. Da war das Wundern groß, und alle priesen seine Bildung.

Der König aber sprach: »Tristan, du kannst alles, was ich mir von einem Freunde wünsche. Darum weiche nie von meiner Seite, auf der Jagd und auch zu Haus. Erfreue mich mit deinem Spiel. Mir wird es Freude machen, dir dafür alles, was du willst, zu geben, schöne Kleider, Pferde oder was du sonst verlangst.«

So wurde Tristan schon in jungen Jahren am Hof von Cornwall des Königs erster Mann.

7
Ritter Tristan

Kurvenal, Tristans Lehrer, war von den Entführern, wie man sich erinnert, in einem kleinen Boot auf dem Meer zurückgelassen worden, hilflos mit einem Stückchen Brot und einem Ruder, das er nicht zu handhaben verstand. Doch lehrte es die Not ihn, und es gelang dem tapferen Weisen, in kurzer Zeit die Küste von Parmenien zu erreichen. Obwohl am Ende seiner Kraft, lief er sofort nach Canoel aufs Schloß, um Rual von der Entführung zu berichten.

Nicht lange hielt der Marschall sich mit Klagen auf. Er ging zu Schiff, um seinen Sohn und Herrn zu suchen. Da Norweger ihn geraubt hatten, fuhr er zuerst in deren Heimat, doch fand er keine Spur. Er fuhr nach Irland, suchte dort landauf, landab, vergebens. Das Geld ging ihm bald aus. Er entließ die Knechte, verkaufte seine Pferde, ging zu Fuß, von Reich zu Reich, von Land zu Land, drei bittere Jahre lang. Seine Kleidung verschliß, er magerte ab, bettelte um Brot. Aber er gab nicht auf.

Im vierten Jahr endlich stieß er zum erstenmal auf Leute, die von Tristan etwas wußten. Das war in Dänemark. Zwei alte Pilger, die er wie jeden, den er traf, nach dem geraubten Knaben fragte, erzählten ihm von einem Kind, das sie allein im Wald von Tintajol getroffen hatten. Die Beschreibung, die sie von ihm gaben, war so genau, daß Rual wußte: Das konnte nur Tristan gewesen sein.

Nun rastete er nicht, bis er das Meer erreicht und dort ein Schiff gefunden hatte, das nach England fuhr, wo er sofort den Weg nach Cornwall einschlug.

An einem Sonnabendmorgen erreichte er Tintajol. Es war die Zeit der Messe. König Marke war mit seinem Gefolge im Münster. Rual stand vor dem Portal und wagte keinen Menschen anzureden, da er fürchtete, man würde ihn seiner vagabundenhaften Kleidung wegen schmähen. Schließlich wandte er sich doch einem gütig blickenden Manne zu und fragte, ob hier vielleicht ein Kind bei Hofe sei, das Tristan heiße.

»Von einem Kinde weiß ich nichts«, sagte der Mann, »doch einen Jüngling dieses Namens gibt es hier. Es ist ein Knappe, schön und klug wie keiner sonst. Wenn Ihr den sucht, den findet Ihr immer ganz nahe bei dem König.«

»Dann seid so gut, mein Herr, und sagt dem Knappen Tristan, ein armer Mann aus seiner Heimat stehe am Kirchenportal und wünsche ihn zu sprechen.«

Das tat der Mann, und Tristan kam, erkannte ihn sofort, rief: »Vater!«, umarmte ihn vor Freude, fragte nach der Mutter und den Brüdern, griff seine Hand und zog ihn vor den König.

»Wer ist das?« fragte Marke, als der den Mann mit dem verfilzten Bart und den schmutzigen Kleidern sah.

»Mein Vater«, sagte Tristan.

»Dann soll er uns willkommen sein!«

Ohne weitere Fragen zu stellen, ließ der König ihn in eine Kemenate bringen, ihn baden und mit neuen Kleidern versehen. Die Hofleute aber klatschten und tratschten derweilen. Sie konnten nicht begreifen, daß dieser armselige Kerl der Vater eines so gottbegnadeten Jünglings

sein sollte. »Ein reicher Kaufmann soll das sein?« höhnten sie und schüttelten die Köpfe. Als aber Rual, frisch gewaschen und mit höfischen Gewändern, in den Saal trat, da sahen sie sofort, welch edler Mann er war. So hatten sie sich von Kleidern täuschen lassen!
Man ging zu Tisch. Der König erwies dem Marschall alle Ehre. Er ließ ihn an seiner Seite sitzen. Tristan bediente ihn. Nach der Mahlzeit begann der König nach Ruals Fahrten zu fragen.
»Herr«, begann der Marschall, »dreieinhalb Jahre sind es her, daß ich mein Land verließ, um diesen hier zu suchen. Mehr Leid als um die eignen Söhne hab ich um dieses Kind erlitten.«
»Wieso?« rief König Marke. »Seid Ihr denn nicht der Vater?«
»Nein«, sagte Rual fest und blickte Tristan an. »Ich bin nur sein Gefolgsmann.«
Tristan erschrak und schämte sich der Tränen nicht, die Wangen ihm und Kleider näßten.
»Wer aber ist Tristan dann?« rief der König.
»Mein Fürst und Herr«, antwortete Rual. »Und Euer Neffe.«
Und er erzählte nun die traurige Geschichte von Tristans Herkunft: wie Riwalin nach Cornwall reiste, an Markes Hof des Königs Schwester zu seiner Liebsten machte, sie mit dem Schiff entführte, in seiner Heimat im Kampf gegen Morgan fiel, wie Blanscheflur im Sterben noch das Kind gebar, das er, Rual, aus Furcht vor Morgan, zu seinem machte und als seines ausgab. Und um die Wahrheit dessen, was er sagte, zu beweisen, zog er einen Ring hervor, den Blanscheflur getragen, und gab ihn dem König, der ihn sofort erkannte.
»O guter Rual«, rief er, »du Treuester von allen hier auf Erden. Dir ist es zu verdanken, daß Tristan, meiner süßen Schwester Sohn, am Leben ist. Mir wäre lieb, du hättest einen Wunsch, den ich erfüllen könnte.«
»Schlagt Tristan zum Ritter, Herr«, sagte Rual, »damit er seinen Anspruch auf Parmenien selbst geltend machen kann.«
»So sei es«, antwortete der König. »Doch nur, wenn Tristan will.«

»Ich will es gern«, sprach Tristan. »Nur fehlt zum Rittertum mir der Besitz.«

»Mein Reichtum ist auch deiner«, sagte darauf der König. »Ganz Cornwall sei dein Rittergut und meine Krone Steuerzahlerin. Sei großzügig, wenn du dir dein Gefolge wählst und rüstest! Du kannst es sein, denn alle Schatzkammern meines Reiches stehen dir offen.«

Am nächsten Tag schon begannen Rual und Tristan aus der Schar der Knappen dreißig Jünglinge als Schwertgesellen auszuwählen. Bei der Beschaffung von Pferden, Harnischen und Gewändern geizten sie nicht. Nach dreißig Tagen war die Schar gerüstet. Tristans Schwertleite, die ihn zum Ritter machen sollte, konnte beginnen.

Der ganze Hof war im Münster versammelt. An Pracht der Kleidung waren alle Jünglinge gleich; Tristan, ihr Herr, aber stach hervor durch Schönheit, Tugend und Gesittung. Das edle Herz, das in ihm schlug, war durch Miene und durch Haltung zu erkennen.

Sie hörten die Messe und empfingen den Segen. Dann nahm der König seinen Neffen an die Hand und legte ihm das Schwert an und die Sporen.

»Jetzt«, sprach er, »Tristan, bist du Ritter. Vergiß es nie. Erweise dich deiner Herkunft würdig. Sei demütig ohne Trug, wahrhaft, gebildet, zu den Armen freundlich, zu den Reichen stolz. Liebe und ehre die Frauen und denke stets daran, daß mehr als Gold und Hermelin Treue und Freigebigkeit den Ritter zieren.«

Er überreichte ihm den Schild und trat zurück. Ritter Tristan nun verlieh den dreißig Knappen, wie sein Oheim ihm, das Schwert, die Sporen und den Schild und mahnte sie, des Rittertums nie zu vergessen.

Mit Kampfspielen wurde dann das Fest beschlossen. Am nächsten Tag schon trieb es Tristan fort. Der junge Ritter wollte sich bewähren. Das Schiff lag bereit.

8

Heimkehr und Rache

Mit Tristans Anspruch auf die Herrschaft von Parmenien verhielt es sich so: Vor langer Zeit hatten die Vorfahren Riwalins das Land Parmenien von den britannischen Fürsten zu Lehen erhalten. Als Riwalin, sehr jung noch, zur Herrschaft kam, hatte er, übermütig wie er war, seinen obersten Lehnsherrn, den Fürsten Morgan von Britannien, bekriegt, ihm Länder und Städte verwüstet und viele Beute heimgebracht. Als er danach an Markes Hof weilte, hatte Morgan sich bitter gerächt. Der Ausgang ist bekannt: Riwalin wurde getötet, Parmenien wurde Morgan untertan.

Nun wollte Tristan, der rechtmäßige Erbe Riwalins, das Land zurückgewinnen. Bevor er das Schiff bestieg, nahm er von König Marke Abschied.

»Neffe«, sagte der König, »ich wünsche dir Glück! Nur um eines bitte ich dich: Kehre, wenn du alles geordnet hast, wieder zu mir zurück. Da ich keine Frau habe und um deinetwillen auch keine nehmen will, sollst du mein Erbe sein und nach meinem Tod König von Cornwall werden.«

Die Überfahrt nach Parmenien verlief ohne Zwischenfall. Als das Schiff vor Canoel ankerte, ging Rual als erster an Land, legte Hut und Mantel ab und ging dann Tristan entgegen, um ihn auf heimatlichem Boden als erster zu empfangen.

»Seid willkommen, Herr«, sprach er und küßte ihn. »Seht, dieses schöne Land am Meer, mit festen Städten, prächtigen Schlössern und starken Mauern, gehört Euch, wie es vorher Euerm Vater gehörte. Nehmt es in Besitz!«

Unbeschreiblich war Floreates Freude, als sie Rual, ihren Mann, und Tristan, ihren Sohn und Herrn, gesund wiedersah. Auch Tristans Lehrer Kurvenal eilte sofort herbei und wich nicht mehr von Tristans Seite. Boten wurden sogleich an alle Ritter des Landes gesandt, und alle kamen nach Canoel, hörten die wundersame Geschichte ihres jungen Fürsten, empfingen ihr Lehen aus seiner Hand zurück und schwuren ihm Treue. Um Tristans Besitz an Parmenien rechtmäßig zu machen, fehlte aber noch das Schwierigste: Morgan, seines Vaters Feind, mußte ihm die Lehnshoheit über sein Land bestätigen. Also rüstete er wieder ein Schiff und fuhr nach Britannien.

Fürst Morgan war im Walde auf der Jagd. Da Tristan nicht wußte, wie Morgan ihn empfangen würde, befahl er seinen Rittern, Reisemäntel überzuziehen und Rüstungen und Waffen darunter zu verstecken. Seine Schar teilte er in zwei Gruppen. Sechzig Ritter blieben im Hinterhalt, mit dreißig vertrauten Leuten ritt er in Morgans Jagdlager. Morgan empfing die unbekannten Gäste freundlich und höflich.

»Herr«, sagte Tristan, »ich bin gekommen, um das Lehen, das mir zusteht, aus Eurer Hand zu empfangen.«

»Wer seid Ihr, und von welchem Lehen sprecht Ihr?« fragte Morgan.

»Ich bin Tristan von Parmenien, Riwalins Sohn und Erbe.«

»Da habt Ihr eine unnütze Reise gemacht, Herr«, sagte Morgan höhnisch. »Wenn Euch Parmenien zustände, würde ich es Euch geben. Aber Euch steht nichts zu. Denn jedermann weiß, welche Liebelei Euer Vater mit Blanscheflur hatte.«

»Was meint Ihr mit Liebelei, Herr?« rief Tristan erregt.
»Kurz gesagt, daß Ihr unehelich geboren seid und kein Recht auf das Erbe habt.«
»Erst habt Ihr mir den Vater erschlagen, Herr, und nun beleidigt Ihr mich. Ganz Parmenien kann Euch bezeugen, daß Riwalin Blanscheflur zur Ehefrau genommen hat. Glaubt Ihr mir nicht, so laßt Gott durch einen Zweikampf entscheiden.«
»Dabei würde Euer Schwert niemanden treffen, da Ihr lügt«, sagte Morgan. »Schluß jetzt!«
»Das wollen wir gleich sehen«, rief Tristan, hob sein Schwert und spaltete Morgans Haupt.
Als die britannischen Ritter ihren Fürsten tot zu Boden stürzen sahen, griffen sie zu den Waffen. Die Parmenier warfen die Mäntel ab, zogen die Schwerter und setzten sich zur Wehr. Aber sie waren in der Minderzahl und mußten ihr Heil bald in der Flucht suchen. Am Waldrand stieß die Ritterschar, die Tristan fürsorglich zurückgelassen hatte, zu ihnen. Aber auch vereint konnten sie dem von Stunde zu Stunde sich verstärkenden Ritterheer Morgans nicht standhalten. Sie versuchten, die Küste zu erreichen, wurden aber immer wieder zum Kampf gestellt und abgedrängt. Viele starben. Den Überlebenden gelang es schließlich, sich in einer Wasserburg zu verschanzen. Dort wurden sie belagert.
Rettung schien unmöglich. Sie waren zuwenig, als daß sie lange gegen die Übermacht hätten bestehen können. Als sie schon alle Hoffnung aufgegeben hatten, erscholl plötzlich jenseits des Belagerungsringes, im Rücken ihrer Feinde, der Ruf: »Ritter von Parmenien!« Und eine Reiterschar stürmte heran und warf sich mit Kraft auf die überraschten Belagerer.
Es war Rual, der Marschall, der aus Sorge um Tristan diesem mit hundert Rittern nach Britannien gefolgt war, um zu helfen, wenn Hilfe nötig war. Jetzt kam er zur rechten Zeit.
Als Tristan in der umzingelten Festung Rual und seine Ritter sah, gab

er sofort den Befehl zum Angriff. Die Belagerten brachen aus ihrer Verschanzung hervor, ehe die Feinde sich von der Überraschung erholen und sammeln konnten. Viele wurden erschlagen oder gefangen. Die anderen flohen.

Unbehelligt erreichten die Parmenier die Küste, schifften sich ein und segelten in die Heimat zurück, die jetzt unangefochten und rechtmäßig Tristan gehörte. Seine Aufgabe war damit erfüllt. Nun gedachte er wieder der Abschiedsworte seines Onkels Marke, und es zog ihn nach Cornwall.

Er stattete ein großes Fest in Canoel aus und lud alle Edlen seines Landes dazu ein. Seinen Lehrer Kurvenal und zwei Söhne Ruals schlug er in würdiger Form zu Rittern. Kurvenal sollte ihn nach Cornwall begleiten. Ruals Söhne würden einst, nach des Marschalls Tod, dessen Erben sein.

Nach der Schwertleite versammelten alle Herren des Landes sich beim fürstlichen Mahl. Tristan erhob sich und sprach: »Ihr Herren, Freunde und Verwandte! Euch allen danke ich für Hilfe und für Treue. Ich habe euch hierher gerufen, um einen Entschluß euch zu verkünden, der mir nicht leichtgefallen ist. Ich will euch verlassen und nach Cornwall gehen. Mein Oheim, König Marke, der ohne Frau ist und bleiben will, hat mich zu seinem Thronerben eingesetzt. Bei euch soll an meiner Stelle Rual herrschen. Parmenien soll von heute an sein Lehen sein, rechtmäßig und vererbbar an seine Söhne und auch an deren Söhne wieder. Lebt alle wohl!«

Das hörten die Parmenier in tiefer Trauer. Auch Rual, der doch dadurch so viel gewann, war traurig über Tristans Entschluß. Aber der war unumstößlich. Bald schon fuhr Tristan ab. Nur Kurvenal begleitete ihn.

9

Morold

Damals herrschte in Irland ein König namens Gurmun. Seine Frau Isolde war die Schwester eines Herzogs, der Morold hieß. Dieser war ebenso stark und mutig wie böse und unbarmherzig. Ihn schickte König Gurmun oft in Länder, die ihm untertan waren, um den Zins einzutreiben.

Zu diesen Ländern gehörte auch Cornwall. Das hatte Gurmun, als König Marke noch ein Kind war, überfallen und zinspflichtig gemacht. Es mußte im ersten Jahr dreihundert Mark in Messing nach Irland senden, im zweiten in Silber, im dritten in Gold. In jedem vierten Jahr aber kam Morold nach Cornwall, um dreißig Knaben zu holen, Söhne von Baronen des Landes, über deren Schicksal das Los entschied.

Es gab nur eine Möglichkeit, diesem schrecklichen Tribut zu entgehen. Das war der Zweikampf mit Morold.

Als Tristan nach Cornwall zurückkam, herrschte überall Verzweiflung und Trauer. Morold war wieder da, hatte die Edlen des Landes um sich versammelt und loste mit ihnen um ihrer Kinder Verderben.

Tristan fand sie auf den Knien liegend. Schamlos betete jeder, daß das Los sein Kind verschonen möge.
Tristan war entsetzt über ihre Feigheit. Er ging zwischen ihnen hindurch, bis er bei Morold und Marke stand, und rief: »Schämt ihr euch nicht, ihr Herren, euer eignes Leben durch eure Kinder zu erkaufen? Ist denn nicht einer unter euch, der den Zweikampf wagt, um euer aller Söhne vor der Leibeigenschaft im fremden Land zu bewahren?«
»Ach, Herr«, sagten die Adligen, »diesem Manne Morold ist keiner von uns gewachsen. Oft haben wir beraten, wer es wohl wagen dürfte, diesem Teufel entgegenzutreten. Aber es fand sich keiner.«
»Wollt ihr, daß ich es versuche?«
»Ja, Herr«, riefen sie. »Ihr gebt uns neue Hoffnung.«
Da wandte Tristan sich an Morold, zog seinen Handschuh ab und warf ihn Morold vor die Füße. Das war die Aufforderung zum Kampf.
Alle waren erregt, auch König Marke, der sich um Tristan ängstigte. Nur Morold blieb ruhig. Er fürchtete diesen Jüngling nicht. Mit stolzer Gebärde bot auch er ihm den Handschuh.
Auf den dritten Tag danach wurde der Kampf festgesetzt. Am Morgen war der Meeresstrand schon schwarz von Menschen. Das Volk und der Adel Cornwalls waren gekommen, um den Streit zu verfolgen. Alle fürchteten um Tristan, am meisten König Marke, der vergebens versucht hatte, Tristan von seinem Vorhaben abzubringen.
Tristan legte den Ringpanzer an, der Leib und Glieder schützen sollte, dann die Beinschienen. Alles war von silberweißem Stahl, der in der Sonne funkelte. Darüber zog er den kunstvoll gewebten Waffenrock. Marke schnallte ihm die Sporen an und gürtete ihm das Schwert. Dann wurde der glänzende Helm gebracht, den obenauf ein Pfeil zierte: das Sinnbild der Liebe. Auch der Schild strahlte wie Silber. Auf ihm prangte vorn kohlschwarz ein Eber. Ein Knappe brachte das Pferd. Es war mit einer weißen Decke geziert, die tief herabhing.
Tristan schwang sich in den Sattel, ergriff den Speer und ritt zum

Ufer. Dort lagen zwei Boote, gerade groß genug, um Pferd und Reiter zu tragen. Gekämpft werden sollte auf einer kleinen Insel, die vom Strand aus gut zu sehen war. Außer Tristan und Morold durfte sie niemand betreten, bevor der Zweikampf zu Ende war.
Morold ruderte als erster hinüber, machte das Boot fest, stieg aufs Pferd und sprengte mit solcher Kraft und Schnelligkeit über die Insel, daß alle, die es sahen, um Tristan zitterten.
Der stand im Boot und sagte: »Sorgt Euch nicht um mein Leben, Herr Marke! Alles liegt in Gottes Hand und kommt, wie es kommen soll. Mir ist leicht zumute.«
Er grüßte alle, stieß sein Boot ab, und als er auf der Insel ausgestiegen war, ließ er es treiben.
»Warum tut Ihr das?« fragte Morold.
»Ein Boot ist genug, weil nur einer von uns lebend diese Insel verläßt.«
»Ich hatte noch auf Einigung gehofft«, sagte Morold. »Mir tut es leid, Euch zu erschlagen. Kein Ritter hat mir bisher so gut gefallen wie Ihr. Laßt mir den Zins, Herr Tristan, ich lasse Euch das Leben.«
»Nur wenn Ihr auf den Zins verzichtet, können wir uns noch versöhnen.«
»Niemals!«
Da gaben beide gleichzeitig ihren Pferden die Sporen und sprengten aufeinander zu, mit gesenktem Speer. So heftig prallten sie aufeinander, daß beider Speer am Schild des anderen zerbrach. Nun zogen sie die Schwerter und fochten Mann an Mann.
Morold, so sagt man, besaß die Kraft von vier Männern. Als seine Schwerthiebe auf Tristans Schild dröhnten, klang das wie Donnergetön. Tristan verlor fast die Besinnung dabei, und der Arm, mit dem er den Schild hielt, erlahmte für einen Moment, so daß ein Teil seines Körpers unbedeckt blieb. Da traf Morolds Schwert ihn am Oberschenkel. Das Blut spritzte unter dem Panzer hervor.
»Ergebt Euch!« rief Morold. »Ihr habt nichts mehr zu hoffen. Die

Wunde ist tödlich, denn mein Schwert ist vergiftet. Niemand kann Euch retten als meine Schwester Isolde, die Königin von Irland. Sie allein kennt die Kräuter, die das Gift heilen. Laßt mir den Zins, dann führe ich Euch zu ihr.«

»Der Zins ist Euer Tod oder meiner«, antwortete Tristan und gab seinem Roß die Sporen. So heftig prallte er auf Morold, daß dieser samt Pferd zu Boden stürzte. Ein Schwertstreich traf Morolds Helm. Der sprang ihm vom Kopf. Morold traf Tristans Pferd. Es brach zusammen.

Morold warf seinen Schild auf den Rücken, griff nach dem Helm und wollte wieder aufs Pferd steigen. Einen Fuß hatte er schon im Steigbügel, eine Hand am Sattel, da war Tristan wieder heran. Er hieb auf den Sattel. Morolds Hand, die das Schwert hielt, fiel zu Boden. Tristans zweiter Hieb galt Morolds Haupt. Dabei brach ein Stück aus Tristans Schwert heraus und blieb in Morolds Schädelknochen stecken. Das sollte Tristan später noch in große Not bringen.

Der Feind war tot. Am Strand erhob sich großer Jubel, doch Jammer auch. Das waren die Iren, die mit Morold gekommen waren. Tristan bestieg das Boot und fuhr zurück an Land. Seine blutende Wunde bedeckte er mit dem Schild, so daß sie niemand sah.

Er wandte sich an Morolds Gefolge: »Kehrt nach Irland heim, ihr Herren, und bringt euerm König den Zins, der dort auf der Insel im Blute liegt. Sollte Gurmun noch mehr davon haben wollen, so mag er nur wieder Boten schicken. Wir wollen mit Zins solcher Art nicht geizen.«

Die Iren holten Morolds Leiche von der Insel, bestiegen ihr Schiff und fuhren nach Hause. In Develin, Irlands Hauptstadt, trugen sie die Leiche aufs Schloß. König Gurmun war sehr betrübt über den Verlust seines besten und stärksten Ritters. Königin Isolde aber, Morolds Schwester, und ihre Tochter, die gleichfalls Isolde hieß, waren untröstlich. Sie weinten und klagten bei dem Toten, küßten ihn schmerzerfüllt und besahen sich seine Wunden. Dabei entdeckte die Königin den Splitter des Schwerts darin. Mit einer kleinen Zange zog sie ihn heraus und legte ihn in ein Kästchen.

An Morolds Grab befahl der König, jeden aus Cornwall, sei es Mann oder Frau, zu töten, wenn er irisches Land beträte. Dieses Gebot wurde streng befolgt und kostete vielen Unschuldigen das Leben.

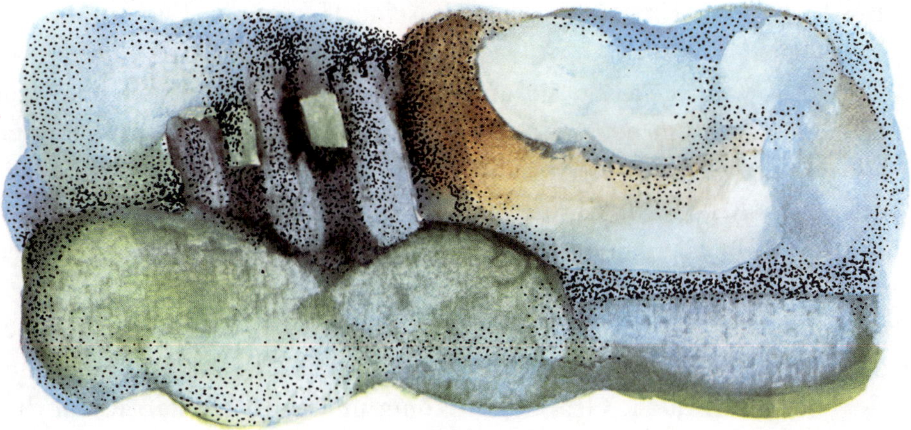

10

Tantris

In Cornwall war die Freude groß. Man feierte Tristan als Befreier von jahrelanger Schmach und Unterdrückung. Seine Wunde beklagte man, war aber ihretwegen unbesorgt. Man hatte gute Ärzte, die sie heilen würden.

Aber die besten Ärzte konnten sie nicht heilen. Die Wunde schloß sich nicht. Sie eiterte und stank so sehr, daß niemand es ertragen konnte. Das Leben wurde Tristan zur Last, sein eigner Leib ihm zum Ekel. Das Gift durchdrang im Lauf der Zeit den Körper, verfärbte ihn und machte ihn so elend, daß niemand mehr in diesem Kranken den schönen Tristan noch erkennen konnte. Morold hatte die Wahrheit gesagt. Nur die Königin Isolde konnte ihn heilen. Er beschloß, zu ihr zu fahren, und koste es sein Leben.

Marke weihte er in seinen Plan ein. Der ließ verbreiten, Tristan sei nach Salerno gefahren, um dort Heilung zu suchen. In der Nacht wurde heimlich ein Schiff gerüstet und reichlich mit Lebensmitteln versehen. Auch einen kleinen Kahn nahmen sie mit. Acht erfahrene Seeleute bedienten das Schiff. Kurvenal kommandierte sie. Tristan wurde an

Bord getragen. Er nahm nichts als seine Harfe mit. Die gefährliche Reise begann.

Tag und Nacht segelten sie auf Irland zu. Tristan befahl, Kurs auf die Hauptstadt zu nehmen. Als Develin in Sichtweite kam, ankerten sie bis zum Abend. Im Dunkeln dann näherten sie sich der Stadt bis auf eine halbe Meile. Tristan kleidete sich in das schlechteste Gewand, das im Schiff zu finden war, nahm seine Harfe und ließ sich in den Kahn tragen.

»Freund«, sagte er zu Kurvenal, »fahr nun zurück nach Cornwall, bezahl die Seeleute gut und laß dir schwören, daß sie nie etwas von unserer Reise erzählen. Grüße den König und sag ihm, daß ich in diesem Jahr noch wiederkommen werde, falls ich gesunde. Habe ich aber nach einem Jahr nichts von mir hören lassen, könnt ihr mich verlorengeben. Und nun segelt ab, wenn Euch Euer Leben lieb ist, denn schon zieht der Tag herauf.«

Weinend nahm Kurvenal vom Freunde Abschied und segelte davon. Tristan trieb steuerlos auf dem Meer.

Die Iren, die am Morgen zum Hafen kamen, erblickten den Kahn auf den Wogen. Wachboote wurden ausgeschickt, um zu erkunden, wer sich da dem Lande näherte. Als sie nicht mehr weit von dem Kahn waren, hörten sie Harfentöne und Gesang, sahen aber niemanden. Erst als sie dicht heranfuhren und hineinblicken konnten, bemerkten sie den Kranken, der elend aussah, aber wundervoll singen und spielen konnte. Sie begrüßten ihn freundlich und mitleidig und fragten nach seinem Schicksal.

»Ich war ein Spielmann bei Hofe«, erzählte Tristan, »und verdiente viel dabei. Doch wollte ich noch mehr und wurde zum Kaufmann. Mit einem Gefährten fuhr ich nach Spanien. Dort kauften wir günstig ein. In Britannien wollten wir unsere Ware wieder verkaufen. Doch auf dem Meer überfielen uns Räuber, beraubten uns und erschlugen alle. Mich rettete nur diese Harfe, denn ich gab mich als Spielmann aus. Die Räuber verbanden meine schreckliche Wunde, gaben mir Brot und setzten mich in diesen Kahn. Vierzig qualvolle Tage und Nächte trieb ich umher, wie Wind und Wellen es wollten. Seid so gütig, ihr Herren, und helft mir!«

Das taten die Iren. Sie schleppten den Kahn in den Hafen und machten ihn dort fest. Zum Dank spielte Tristan ihnen die schönsten Lieder, die er kannte. Sie trugen ihn zu einem Arzt, der ihn in Pflege nahm. Aber heilen konnte auch der ihn nicht.

In der Stadt sprach es sich schnell herum, daß da ein todkranker Spielmann übers Meer gekommen sei, der seine Kunst verstünde wie keiner sonst. Viele Develiner stellten sich ein, um ihn zu hören.

Da war auch ein Priester, der selbst trefflich die Harfe spielte. Er gehörte zum Gefolge der Königin und unterrichtete deren Tochter. Auch er war bezaubert von Tristans Spiel und erzählte der Königin davon.

»Ein Jammer ist es, edle Königin«, sagte er, »daß dieser große Künstler sterben muß. Wer ihm nur helfen könnte? Der Arzt, bei dem er liegt, ist ratlos.«

»Vielleicht vermag ich ihm zu helfen«, sagte Königin Isolde. »Holt ihn her.«

Genau besah die weise Frau die Wunde, seufzte mitleidig und sprach: »Weißt du, armer Spielmann, daß Gift in deinem Körper ist?«

»Nein, Herrin«, sagte Tristan. »Ich weiß nur, daß kein Arzt mir helfen kann.«

»Ich will dein Arzt sein, Spielmann!«

»Habt Dank, süße Königin!«

»Wie heißt du?«

»Ich heiße Tantris«, sagte Tristan ohne langes Besinnen.

»Man sagt mir, Tantris, daß du Harfe spielst.«

»Wollt Ihr es hören, Herrin?«

»Wenn du nicht zu schwach bist, gern.«

»Eure Hilfe, Königin, gibt mir neuen Lebensmut.«

Man holte ihm die Harfe, und man holte auch die Tochter, die blonde Isolde. Sie sah Tristan hier zum erstenmal. Und ihre Schönheit und seine Hoffnung auf Genesung machten sein Spiel so gut wie nie zuvor. Lange saßen die Königin und ihre Tochter bei ihm und lauschten seiner Kunst, obwohl der Gestank, den seine Wunde verbreitete, kaum auszuhalten war.

Beim Abschied sagte Isolde, die Königin: »Willst du, Tantris, wenn es mir gelingt, dich zu heilen, zum Lohn dafür meine Tochter im Saitenspiel und in den Wissenschaften unterrichten?«

»Von Herzen gern«, antwortete Tristan.

Man legte ihn in ein Kämmerchen und sorgte gut für ihn. Die Königin tat alles für ihn, was in ihren Kräften stand. Sie hatte viel Erfahrung darin, vergiftete Körper zu heilen. Nach zwanzig Tagen schon spürte Tristan eine deutliche Besserung. Bald verging der Geruch, der anderen das Zusammensein mit ihm so unleidlich machte. Von Tag zu Tag gewann er an Kräften, so daß er mit dem Unterricht beginnen konnte.

Was er an Kunst und Wissenschaft wußte, lehrte er die schöne Isolde: Französisch und Latein, Dichten, Singen und Musizieren, höfische Umgangsformen und Sittenlehre. Sie war fleißig und wißbegierig, begriff schnell und war in einem halben Jahre so gebildet, daß der König und die Königin beglückt waren darüber und das ganze Land ihr feines Benehmen und ihre Kenntnisse rühmte. Wenn ihr Vater Feste gab oder fremde Ritter empfing, entzückte sie alle mit ihrer Anmut und ihrer Kunst. Sie sang, las und dichtete, spielte Fiedel, Rotte und Harfe und verzauberte damit alle Herzen. Wer ihre Schönheit sah und ihren Gesang hörte, wurde von Sehnsucht und Liebesqual ergriffen.

Inzwischen wurde Tristan völlig geheilt. Sein Körper war wieder ebenmäßig und verlor die Verfärbung. So groß seine Freude darüber war, so groß war auch seine Angst, daß einer der Iren, die mit Morold in Cornwall gewesen waren, ihn wiedererkennen könnte. Sein Bestreben war deshalb, Irland so bald wie möglich zu verlassen. Da er wußte, daß die Königin und ihre Tochter ihn nicht gern würden ziehen lassen, griff er zu einer List.

Er ließ sich bei der Königin melden, kniete vor ihr nieder wie ein Bittsteller und sprach: »Herrin, was Ihr für mich getan habt, kann nur Gott Euch lohnen. Ich bin ein armer Mann, ich kann nichts tun, als Euer Lob überall verbreiten. Laßt mich deshalb in meine Heimat ziehen.«
Da lachte die Königin. »Deine Schmeichelei ist vergebens, Tantris. So schnell lasse ich den besten Lehrer für meine Tochter nicht weg. Ein Jahr wenigstens mußt du bleiben.«
»Das geht nicht, edle Königin. Es gibt noch einen Grund für meine Bitte um Abschied. Ich bin verheiratet und liebe meine Gattin wie mich selbst. Wenn ich nicht bald zu Hause bin, wird man mich für tot halten und sie einem anderen geben. Dann würde mich der Kummer um sie töten.«
Das klang so echt, daß die Königin Mitleid mit ihm bekam und ihm den Abschied gab. »Gott sei Euch beiden gnädig, deiner Frau und dir!«
Da reichte Tristan der Königin und ihrer Tochter voll Dankbarkeit die Hände. Am nächsten Tag schon fuhr er heim nach Cornwall. Wie er versprochen hatte, verkündete er dort das Lob Isoldes, der Königin. Noch schönere Worte als über sie aber fand er immer zum Ruhme Isoldes, der Königstochter. Ihre unübertreffliche Schönheit rühmte er, ihre Reinheit, Güte und Weisheit. »Wer ihr in die Augen sieht«, sagte er, »dem läutern sich Herz und Gemüt, so wie die Glut das Gold läutert. Körper und Geist werden ihm neu belebt dadurch. Was immer die Dichter zum Lobe der Schönheit gesagt haben: Vor ihr verblassen alle Worte.«

11

Die Brautfahrt

Das Volk Cornwalls und sein König waren voller Freude über Tristans Heimkehr. Das gleiche hätte man auch von den Baronen erwarten müssen, die Tristan doch so viel verdankten. Aber das traf nicht zu. Nicht von Dankbarkeit oder Bewunderung waren ihre Gefühle für Tristan bestimmt, sondern von Neid und Mißgunst. Durch Tristans hervorragende Stellung beim König fühlten sie sich in ihrer eignen Macht geschmälert. Daß Tristans Mut Morold gegenüber ihre eigne Feigheit sichtbar gemacht hatte, vergaßen sie ihm nie. Daß er beim Volk beliebt war, kränkte sie. Am unbehaglichsten aber war ihnen, daß dieser entschlossene, starke Mann nach Markes Tod König werden sollte.

Emsig begannen sie, Haß gegen ihn zu schüren. Einen Zauberer nannten sie ihn, der mit dem Bösen im Bunde war.

»Wie anders hätte er denn sonst den übermenschlich starken Morold erschlagen können?« sprachen sie untereinander. »Wie sonst als mit Hexenkünsten hätte er die kluge Königin von Irland dazu bringen können, ihn, den Mörder ihres Bruders, zu heilen?« Ständig lagen sie Marke mit

Bitten in den Ohren, sich eine Frau zu nehmen und Erben zu zeugen. Aber der König wollte nichts davon hören. »Tristan ist der beste Thronerbe«, sagte er.
Da begannen die Barone, Tristan unverhohlen ihren Haß zu zeigen, ihn zu kränken, ihm zu drohen. Seine Vertrauten warnten ihn: Er möge auf der Hut sein, sonst würde er noch hinterrücks erschlagen.
Tristan erschrak sehr und sprach zu seinem Onkel: »Herr, Euer Erbe gilt mir viel, doch noch mehr mein Leben. Mir wäre lieb, Ihr tätet, was Eure Lehnsleute wollen. Ich bitte Euch: Nehmt eine Frau!«
»Nein«, sagte der König. »Mein Erbe bist du und niemand sonst. Der Erfolgreiche wird immer Neider haben, der Pflichttreue aber wird sie nicht fürchten.«
»Dann bitte ich um meinen Abschied«, sagte Tristan. »Verfolgt von Haß, geplagt von Angst, kann ich nicht leben.«
Als Marke sah, wie ernst es Tristan war mit seiner Bitte, gab er nach. Denn auf keinen Fall wollte er Tristan verlieren.
»Was soll ich tun?« fragte er.
»Ruft Euern Hofrat zusammen, erforscht, was jeder denkt, und was sie wollen, tut, wenn Eure Ehre es erlaubt.«
Und so geschah es. Schnell hatten die Barone ihren Entschluß gefaßt, der Tristan verderben sollte, ohne daß sie selbst ihm etwas antaten.
»Herr«, sagte ihr Sprecher, »unser Rat ist, daß Ihr heiraten sollt, und zwar die blonde Isolde von Irland. Sie ist schön von Gestalt und Wesen und einziges Kind eines mächtigen Herrschers. Sie und keine andere ist Eurer würdig.«
»Das ist ein guter Rat«, antwortete König Marke. »Ich danke euch, ihr Herren, und schwöre euch, daß sie oder keine meine Gemahlin werden soll.« Er leistete diesen Eid aber nicht, weil er Isolde vor allen anderen Frauen begehrte, sondern weil er es für unmöglich hielt, sie zu bekommen. Gurmun, Isoldes Vater, war sein schlimmster Feind und würde nie zulassen, so dachte er, daß seine Tochter den Mann heiratete, den er haßte.

»Wir freuen uns, Herr,« fuhr der Wortführer des Hofrats fort, »daß Ihr unsern Vorschlag gutheißt, und schlagen Euch vor, Tristan zum Brautwerber zu machen. Er ist klug, beherrscht die irische Sprache, kennt das Land und hat in allen Dingen Glück.«
»Nein, nein!« rief der König aufgebracht. »Er, der Morold erschlug, würde nie lebend von dort zurückkehren. Jetzt durchschaue ich euch! Ihr verlangt nichts als Tristans Tod. Wenn ihr Isolde als Königin haben wollt, dann fahrt selbst nach Irland und werbt um sie.«
Die Barone schwiegen betreten. Da erhob sich Tristan und sprach: »Der Hofrat hat recht, aber der König auch. Ich bin geeignet für diesen Auftrag und führe ihn aus. Doch die Barone werden mich begleiten. Vielleicht müssen wir alle sterben, doch das zählt gering. Der Preis ist hoch genug.«
Vor Schreck brachten die Barone kein Wort mehr heraus. »So soll es sein«, sagte König Marke. Also war die gefährliche Fahrt beschlossen.
Tristan wählte ein großes Schiff und ließ es mit allem Notwendigen versorgen. Dann kamen seine Begleiter an Bord: achtzig tapfere Ritter, zwanzig ängstliche Barone und sein treuer Freund Kurvenal.
Als sie sich Irland näherten, erfuhren sie von Kaufleuten, daß König Gurmun in Weisefort sei. Sie steuerten diese Stadt an, ankerten vor dem Hafen, aber so weit entfernt, daß kein Bogenschuß sie erreichen konnte.
»Seid nicht tollkühn, Herr«, bettelten die Barone. »Setzt Euer Leben aufs Spiel, sooft Ihr wollt, aber denkt auch an das unsere.«
»Schweigt!« sagte Tristan. »Versteckt euch im Schiff und rührt euch nicht, wenn die Bewaffneten kommen. Ihr wißt doch, daß jeder, der aus Cornwall stammt, in Irland sterben muß. Auf Deck darf sich nur sehen lassen, wer irisch spricht. Ich gehe an Land. Wenn ich in vier Tagen nicht zurück bin, wartet nicht länger, flieht und rettet Leib und Leben.«
Er und Kurvenal zogen ihre Reisemäntel über die Rüstung, bestiegen

einen Kahn und ruderten dem Hafen zu. Dort hatten sich schon viele Ritter, Bürger und Kriegsknechte versammelt und rüsteten die Boote. Auch König Gurmuns Marschall, Herr über Stadt und Hafen, war da.

»Kommt sofort an Land!« schrien sie Tristan zu. »Macht Euern Kahn fest, aber schnell!« Tristan und Kurvenal gehorchten.

»Ist jemand hier, der Machtbefugnis hat?« fragte Tristan ruhig.

»Ja«, sagte der Marschall.

»Warum, Herr, empfangt Ihr uns so unhöflich?« fragte Tristan. »Gute Sitte ist das nicht.«

»Erst müssen wir wissen, wer Ihr seid«, antwortete der Marschall. »Stammt Ihr aus Cornwall?«

»Nein, Kaufleute sind wir aus der Normandie. Vor dreißig Tagen schon haben wir Weib und Kind verlassen. Drei Schiffe waren wir, als unsere Handelsfahrt begann. Sturm trieb uns auseinander. Mit Mühe nur erreichten wir unser Ziel. Die beiden anderen Kaufherren mit ihren Schiffen hofften wir hier zu finden. Gott gebe, daß sie noch leben! In der Sicherheit dieses Hafens wollten wir sie erwarten. Doch scheint mir die Feindseligkeit dieser Bewaffneten schlimmer als der Sturm. Wenn Ihr mir nicht Frieden versprechen könnt, kehre ich lieber zurück aufs Meer. Sorgt Ihr aber für meine Sicherheit, will ich gut dafür bezahlen.«

»Was gebt Ihr dem König«, fragte der Marschall, »wenn er Euch Gut und Leben in diesem Reiche schützt?«

»Eine Mark von gutem Gold für jeden Tag. Euch aber überreiche ich als Gastgeschenk diese Kostbarkeit«, antwortete Tristan, zog unter seinem Mantel einen reichverzierten goldenen Becher hervor und zeigte ihn dem Marschall.

»Es sei«, sagte der. »Dafür genießt Ihr meinen Schutz.«

12
Der Drachenkampf

Schon als Tristan krank in Irland weilte und die Königin ihn pflegte, hatte er oft erzählen hören von einem schrecklichen Drachen, der im Lande hauste. Auf den setzte Tristan seine ganze Hoffnung. Denn König Gurmun hatte geschworen, dem Ritter von Adel, der den Drachen erschlüge, seine Tochter zur Frau zu geben.

Am nächsten Morgen schon ging Tristan daran, seinen Plan auszuführen. Gut bewaffnet schwang er sich auf ein starkes Pferd und ritt durch die Wälder zum Tal Anferginan, wo das Untier seine Höhle hatte.

Kaum hatte er das Tal erreicht, sah er den Drachen schon. Er war grauenvoller, als man es sich vorstellen kann. Sein heißer Atem bestand aus Rauch und Flammen. Brüllend kroch er Tristan entgegen.

Der senkte seinen Speer, gab seinem Roß die Sporen, schoß auf den Drachen zu und stieß ihm den Speer durch den aufgerissenen Rachen in den Schlund. Dort blieb er stecken. Das Pferd aber prallte so heftig auf den Drachen, daß es stürzte. Tristan sprang rechtzeitig ab und floh aus dem Bereich des feurigen Atems. Das Pferd wurde zur Hälfte verbrannt. Der Rest blieb liegen, denn der verwundete Drache zog sich in seine Schlucht zurück, brüllend, sich windend vor Schmerz. Tristan griff wieder an, mit gezücktem Schwert. Doch kam er nicht an ihn heran. Der Drache wehrte sich, mit Flammen, spitzen Krallen und messerscharfen Zähnen. Tristan verbarg sich hinter Busch und Baum. Das Untier folgte. Tristans Schild verglühte ihm in der Hand. Er lief um sein Leben. Doch wandte er sich sofort wieder um, als er merkte, daß den Drachen die Kräfte verließen. Er sprang auf ihn zu und stieß ihm das Schwert ins Herz. Der Todesschrei des Tieres schallte weithin übers Land.

Mit letzter Kraft öffnete Tristan das Drachenmaul und schnitt, zum Zeichen seines Sieges, die Zunge heraus. Er verbarg sie unter seinem Hemd. Mühsam schleppte er sich durch den Wald dem Meere zu. An einem Bach, der sich über Felsen in ein kleines Wasserbecken ergoß, wollte er sich erfrischen. Doch die giftigen Dünste, die von der Drachenzunge an seiner Brust ausströmten, raubten ihm die Besinnung. Mit Schwert und Rüstung stürzte er ins Wasser. Zum Glück versank er so, daß sein Kopf noch auf dem Ufer lag.

13
Der betrügerische Truchseß

Wie man sich denken kann, hatten schon viele Ritter versucht, durch den Kampf mit dem Drachen die schöne Isolde zu gewinnen. Mancher war geflohen, wenn er des Drachens ansichtig wurde, andere hatten ihre Kühnheit mit dem Leben bezahlt.

Einer von denen, die davon träumten, Isoldes Gemahl zu werden, war der Truchseß des Königs. Er verehrte die blonde Königstochter seit langem, aber sie mochte ihn nicht. Da er zu furchtsam war, den Kampf mit dem Drachen zu wagen, sann er auf Betrug. Jedesmal, wenn ein Kühner gegen den Drachen ausritt, hielt er sich in der Nähe versteckt, um keine Gelegenheit zu verpassen.

Er hatte auch Tristan auf das Tal Anferginan zureiten sehen, war ihm gefolgt und hatte in sicherer Entfernung gewartet. Erst als der Todesschrei des Drachen durch die Wälder gellte, wagte er sich heran. Bald kam er dorthin, wo der Drache Blätter und Gras versengt hatte, sah Tristans totes Pferd und gleich darauf auch das leblose Ungeheuer. Das versetzte ihm solchen Schreck, daß er vom Pferd fiel, sich keine Zeit ließ, um wieder darauf zu steigen, sondern davonlief.

Lange blieb er in Büschen versteckt, bis er sicher war, daß der Drache sich nicht mehr regte. Er suchte sein Pferd, schwang sich darauf, ritt zu dem Untier, und als er sich überzeugt hatte, daß es tot war, griff er es mit dem Speer an. Aber der wollte in der gepanzerten Haut nicht steckenbleiben. Er zerbrach ihn, rannte das vordere Ende dem Tier in die Gurgel, hieb mit seinem Schwert noch mehrmals auf den Leichnam ein und ritt dann schnell zurück nach Weisefort. Denn er dachte: Ist der unbekannte Ritter nicht tot, so muß ich eher da sein und den Sieg melden!

Bei Hofe erhob er ein großes Geschrei um seine vermeintliche Heldentat. »Ja, ihr Herren«, sagte er, »da könnt ihr sehen, welche Wunder ein beherzter Mann aus Liebe zu einem Mädchen vollbringt. Ein Fremder, der vor mir da war, wurde gefressen. Ich aber habe das Ungeheuer erlegt. Ich will nicht viel Worte machen. Seht es euch an.« Und er zog mit Freunden und Verwandten in den Wald, zeigte ihnen das halbe Pferd des Fremden und ließ dem Drachen das Haupt abschlagen und aufs Schloß bringen, als Beweis. Dann lief er zu König Gurmun und erinnerte ihn an seinen Schwur.

Als Isolde davon erfuhr, begann sie zu weinen und zu klagen. »Nie, Mutter«, schluchzte sie, »werde ich dem Truchseß, dem Küchenoberaufseher, angehören! Eher nehm ich mir das Leben!«

»Beruhige dich, liebe Tochter«, antwortete die Königin. »Wer weiß, ob das mit rechten Dingen zugeht. Wir wollen es selbst untersuchen.«

Früh am Morgen, als alle anderen noch schliefen, weckte die Königin ihren Vertrauten, den Knappen Paranis, ihre Tochter Isolde und deren Base Brangäne. Ungesehen ritten die vier in den Wald. Sie fanden den Rest des Pferdes und erkannten am Sattelzeug sofort, daß es einem Fremden gehört haben mußte. Als sie sahen, wie riesenhaft der Drache war, waren sie sicher, daß der feige Truchseß ihn unmöglich besiegt haben konnte.

»Wir müssen den Fremden finden!« rief die Königin. »Laßt uns den Wald absuchen.«

Isolde sah ihn zuerst. Der Helm, der aus dem Wasser ragte, glänzte in der Sonne. Sie rief die anderen, und gemeinsam zogen sie ihn aus dem Wasser. Sie lösten ihm den Helm und befreiten ihn von der Rüstung. Dabei fanden sie die Drachenzunge auf seiner Brust.

»Er ist der Drachentöter!« rief die Königin. »Er lebt, die Dünste der Zunge haben ihm nur die Besinnung geraubt.«

Als Tristan die Augen aufschlug und die drei Frauen um sich sah, eine schöner als die andere, glaubte er zu träumen.

»Wo bin ich?« fragte er mit schwacher Stimme.

»Das ist doch Tantris, der Spielmann!« rief Isolde.

»Ja, süße Herrin!«

Die Frauen sahen, daß er noch zu schwach war zum Erzählen. Sie hoben ihn auf ein Pferd und führten ihn ungesehen nach Weisefort. In einer abgelegenen Kammer pflegten sie ihn liebevoll. Am anderen Tag schon waren seine Kräfte so weit wieder hergestellt, daß er erzählen konnte.

»Vor drei Tagen, Herrin, kam ich mit meinem Handelsschiff in diesen Hafen. Man empfing mich schlecht und hätte mich wohl ausgeraubt, wenn ich dem Marschall nicht reiche Belohnung zugesichert hätte. Da entschloß ich mich, um mir die Iren zu Freunden zu machen, den Kampf mit dem Drachen zu wagen. Ihr wißt, wie es ausging.«

»Du erschlugst das Untier«, sagte die Königin, »dafür danken wir dir und würden dir gern deine Wünsche erfüllen.«

»Ich habe nur einen Wunsch, Herrin. Den nämlich, daß Ihr mir Wohlwollen und Frieden in Irland zusichert.«

»Der Wunsch sei dir erfüllt«, sagte die Königin. »Niemals soll dir, deinen Leuten und deinem Besitz in unserem Reich ein Leid geschehen. Wir aber, Tantris, haben auch einen Wunsch an dich. Du sollst uns beistehen gegen unseren Truchseß, der sich betrügerischerweise anmaßt, das getan zu haben, was du getan hast.«

»Er will mich zur Frau«, sagte Isolde, die Tochter, zornig. »Aber nur tot kann er mich haben.«

»Seid unbesorgt«, sagte Tristan. »Wenn ich gesund bin, werde ich fest an Eurer Seite stehen.«

Froh gingen die Frauen in die Schloßhalle hinunter, wo König Gurmun sich mit seinen Landbaronen zu einer Gerichtsversammlung zusammengefunden hatte. Verhandelt werden sollte das Ersuchen des Truchseß, die Königstochter zur Gemahlin zu bekommen. Wie immer nahm die Königin daran teil, weil sie die Klügste war im ganzen Land.

Alle erhoben sich, als die Frauen den Saal betraten. Höflich wies der König ihnen Plätze neben dem seinen an. Dann eröffnete er die Verhandlung. »Truchseß, rede! Was ist dein Begehren?«

»Herr König«, sagte der Truchseß, »erinnert Euch Eures Eides: Wer adelig ist und den Drachen erschlägt, so sagtet Ihr, soll Isolde zur Frau bekommen. Ich erschlug den Drachen mit eigner Hand, weil ich Isolde liebe. Nun erfüllt Euer Versprechen!«

»Habt Ihr Beweise für Eure Tat?« fragte die Königin.

Der Truchseß winkte seinen Verwandten. Die trugen den Kopf des Drachen herein.

»Ist das Beweis genug, Herrin?«

»Nein. Das beweist nur, daß Ihr dem Drachen den Kopf abgeschlagen habt, aber dem toten.«

»Und wer tötete ihn, wenn nicht ich?«

»Ein anderer.«

»Und wo ist er?«

»Ich kenne ihn, noch liegt er krank. Doch in drei Tagen kann ich ihn der Versammlung vorstellen.«

»Er lügt!« rief der Truchseß wütend. »Wer es auch sei, ich fordere ihn zum Kampf. Mein Leben ist mir nicht zu schade um meiner Liebe zu Isolde willen.«

»Das lobe ich mir«, sagte die Königin. »Ich will dafür sorgen, daß dieser Zweikampf in drei Tagen stattfinden kann.«

»So sei es«, sagte der König. Und die Barone stimmten ihm zu.

14
Die Entdeckung

Je mehr Tristan wieder zu Kräften kam und seine gesunde Farbe wiedererlangte, desto öfter und ausführlicher schaute Isolde, die Tochter, ihn verstohlen an und freute sich seiner Schönheit. Seine schlanke Gestalt und seine edlen Bewegungen gefielen ihr sehr. Oft ruhten ihre Blicke in seinen. Oft betrachtete sie lange seine wohlgestalten Hände, seine herrlichen Arme und Beine, sein Gesicht und sein braunes Haar, das leicht gekräuselt war.

Daß deine Schöpfung, Herrgott, dachte sie oft, nur mangelhaft ist, erkennt man daran, daß dieser herrliche Mann ruhelos von Land zu Land als Kaufmann ziehen muß, obwohl er dazu geschaffen scheint, ein Reich zu regieren. Diesem schönen Körper und diesem wachen Geist entspricht sein Schicksal nicht. Er hat den Drachen erschlagen, aber da er nicht von Adel ist, kann er mich zum Preis nicht fordern. Frieden und Sicherheit für seine Handelsgeschäfte verlangt er nur dafür, der Ärmste.

Selbst seine Rüstung, die der Knappe Paranis wieder sauber und glänzend gemacht hatte, sah sie oft wohlgefällig an und bewunderte die kunstvolle Arbeit, die auch einem König gut gestanden hätte. Einmal, als Tristan im Bad war, zog sie auch das Schwert aus der Scheide und erfreute sich an seinem hellen Glanz. Dabei entdeckte sie die Scharte an der Schneide.

Lange grübelte sie darüber nach, woran die Form dieser Lücke sie wohl erinnerte, bis sie heiß der Gedanke durchfuhr: Gott im Himmel, ich besitze das Stück, das hier fehlt.

Sie lief in ihre Kemenate, nahm aus dem Kästchen den Splitter, der in Morolds Schädel gesteckt hatte, und fügte ihn in die Scharte. Er paßte genau.

Der zwei Jahre alte Schmerz um den Oheim wurde wieder wach. Mit dieser Waffe war er erschlagen worden. Wie kam die aus Cornwall in die Hände des Kaufmanns?

Der Mann, der sie damals führte, hieß Tristan, der sie heute besaß, Tantris. Die Namen klangen verwandt. Es waren dieselben Silben. Sie waren nur vertauscht. Es war kein Zweifel möglich. Der herrliche Mann, dem sie zweimal das Leben gerettet hatten, war Morolds Mörder.

»Jetzt ist dein Leben verloren!« rief sie, nahm das Schwert und lief zu Tristan hinüber.

»Bist du Tristan?«

»Ich bin Tantris.«

»Dann muß ich jetzt an Tantris rächen, was Tristan uns ehedem angetan hat.«

In diesem Augenblick kam die Königin zur Tür herein. Sie sah Tristan nackt im Bad sitzen und ihre Tochter Isolde mit blankem Schwert vor ihm stehen.

»Was tust du, Tochter?« rief sie empört.

»Dieser Tantris, der Spielmann und Kaufmann, ist Tristan, deines Bruders Mörder! Seinem Schwert fehlt genau der Splitter, den wir bei Morold fanden. Er muß sofort sterben!« Mit diesen Worten richtete Isolde die Spitze des Schwerts auf Tristans Brust.

»Das darfst du nicht«, rief die Königin. »Du weißt, daß ich ihm Frieden und Sicherheit gelobte.«
»Das habt Ihr Tantris gelobt, nicht Tristan, Mutter.«
Und wieder hob Isolde zornig das Schwert, aber sie stieß nicht zu. Ihr Schmerz um den Oheim schrie nach Rache, aber ihr gutes Herz forderte Vergebung. Sie warf das Schwert zu Boden und weinte.
»Vergebt das Leid, das ich euch zufügte, liebe Frauen«, sagte Tristan aus seinem Badezuber. »Bedenkt, daß es nur aus Notwehr geschah. Und glaubt mir: Nicht mit schlechten Absichten kam ich nach Irland. Als Bote guter Nachricht komme ich.«
»O weh, Tantris«, sagte die Königin. »Nun weiß ich, daß Ihr wirklich Tristan seid. Bis jetzt hatte ich noch Zweifel.« Sie begann auch zu weinen und ging mit der Tochter hinaus. Dort trafen sie Brangäne, die nach dem Grund für die Tränen fragte.
»Wir wurden betrogen«, sagte die Königin schluchzend. »Die Schlange haben wir als Nachtigall aufgezogen, dem Raben Korn gegeben, das für die Taube bestimmt war, den Todfeind als Freund behandelt. Ist nun Rache am Platz oder Nachsicht?«
»Laßt nicht Euern Zorn sprechen«, sagte Brangäne, »sondern Euer Herz und Euren Verstand. Ihr habt den Mann liebgewonnen, und Ihr braucht ihn gegen den Truchseß. Außerdem müßt Ihr erfahren, warum er, sein Leben wagend, nach Irland gekommen ist. Von einem toten Tristan erfahrt Ihr das nie. Man muß den Mantel hängen, wie die Winde wehen.«
Zu dritt gingen sie wieder zu Tristan hinein, der sich angezogen hatte und auf dem Bett saß.
»Habt Erbarmen mit mir«, rief er und warf sich den Frauen zu Füßen. Die schwiegen einige Zeit, bis Brangäne sagte: »Der Ritter, Herrin, liegt zu lange da.«
»Was soll ich ihm sagen?« fragte die Königin.
»Daß Ihr ihm das Leben schenkt und er sagen soll, was ihn nach Irland geführt hat.«

»So sei es.«
»Ich danke Euch, Frau Königin«, sagte Tristan und erhob sich vom Boden. »Was mich hierher geführt hat aber, ist ein Auftrag meines Herrn, des Königs Marke von Cornwall. Er begehrt Isolde, Eure schöne Tochter, zur Frau, und ich bin sein Brautwerber.«
»Das ist wahrhaftig eine gute Nachricht«, sagte die Königin. »Ich will sie sogleich dem König bringen.«
Bald darauf wurde Tristan zu König Gurmun gerufen.
»Ungern verzichte ich auf Rache«, sagte dieser, »aber da die Frauen es taten, denen Morold enger verwandt war als mir, will ich es auch tun. Friede sei fortan zwischen Irland und Cornwall, wenn Ihr, Herr Tristan, die Wahrheit sagt.«
»Leicht ist es, Euch die Wahrheit zu beweisen, Herr. Auf meinem Schiff, das vor Weisefort vor Anker liegt, sind alle Barone meines Landes versammelt.«
»Sie mögen morgen kommen«, sagte der König.
Den Knappen Paranis schickte Tristan zum Hafen, beschrieb ihm das Schiff und beauftragte ihn, Kurvenal zu holen. Als dieser in die Kemenate der Edelfrauen trat und Tristan dort gesund sitzen sah, glaubte er zu träumen.
»Wie soll ich das begreifen, lieber Herr«, sagte er auf bretonisch zu Tristan. »Ihr sitzt hier wie im Himmelreich, und wir ängstigen uns zu Tode. Gerüchte melden, daß Ihr beim Drachenkampf umgekommen seid. Ich war im Tal Anferginan, fand Euer totes Pferd und weinte sehr um Euch. Die ängstlichen Barone wollten am zweiten Tag schon fort. Ich hatte große Mühe, sie zu halten. Bis heute nacht wollten wir noch bleiben. Dann wären wir zurückgesegelt.«
»Treuer Kurvenal«, sprach Tristan, »eile jetzt hinunter auf das Schiff, melde allen, daß es gut steht mit unserer Sache. Alle Ritter, alle Landherren sollen morgen früh zum Schloß reiten, in ihren besten Gewändern. Mir aber bringe den Schrein mit, in dem die Kleinodien und meine Kleider sind.«

Kurvenal verbeugte sich vor den Frauen und ging. Auf dem Schiff war die Freude groß. Die gehässigen Barone freilich freuten sich mehr über die Aussöhnung der beiden Länder als über Tristans Glück. »Da sieht man es wieder: Er ist ein Zauberer«, sagten sie, um nicht sagen zu müssen: Tristan ist mutiger und klüger als wir alle.

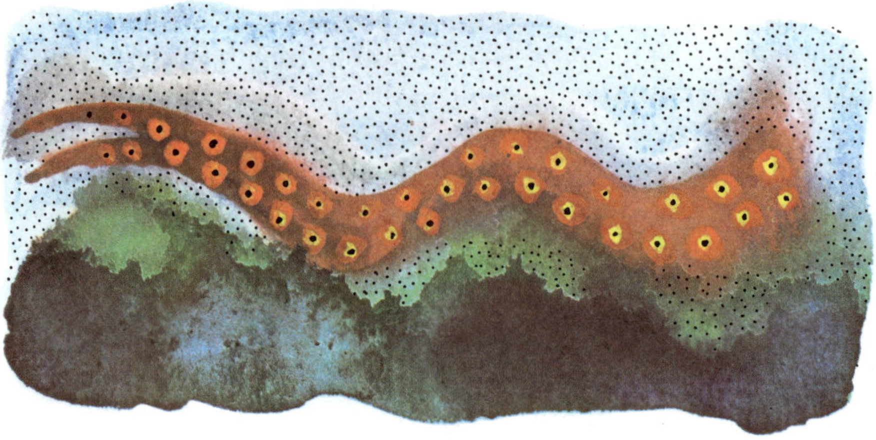

15

Enthüllte Lüge

Für den nächsten Morgen wurde das Gerichtsurteil über das Ersuchen des betrügerischen Truchseß erwartet. Viele Landherren und Ritter hatten sich im Burgsaal eingefunden. Alle waren gespannt, wer wohl mit dem Truchseß um Isolde kämpfen würde. Die Erregung verstärkte sich, als die Barone und Ritter aus Cornwall eintrafen. Sie wurden vom König freundlich begrüßt. Mit ihnen sprechen konnte niemand, da die Fremden die Landessprache nicht beherrschten.
Als die Königin und ihre Tochter den Saal betraten, hingen die Augen aller Männer an ihnen. Die Mutter Isolde kam wie das Morgenrot, dem die junge Isolde als Sonne folgte. Während die Königin sich hierhin und dorthin verneigte, Herren begrüßte, redete, lächelte, schwieg die Königstochter, wie es sich geziemte. Still, bescheiden, anmutig, schlank und zart schritt sie zu ihrem Platz, im Kleid aus braunem Samt, das sich oben eng an ihren Leib schmiegte, unten aber in Falten bis an die Füße reichte. Aus braunem Samt war auch ihr Mantel. Der war über der Brust mit einer Schnur aus weißen Perlen geschlossen. In den Perlenkranz geschoben hatte sie den Daumen ihrer linken Hand.

Mit zwei Fingern ihrer Rechten hielt sie, ganz hofgemäß, den Mantel unten zu, damit er beim Gehen nicht auseinanderschlug. Trotzdem leuchtete bei jedem Schritt der Innenbesatz aus weißem Hermelin auf, der wundervoll abstach vom grauen und schwarzen Außenbesatz aus Zobelpelz. Ein schmaler Goldreif schmückte ihren Kopf. Der war mit Smaragden und Jachanten, Saphiren, Kalzedonen und anderen Edelsteinen reich besetzt. Ohne die Steine hätte niemand den Ring gesehen: So genau glich die Farbe ihres Haars dem Gold.
Kaum saßen Königin und Tochter bei dem König, trat der Truchseß vor und sprach: »Herr, hier bin ich, und ich fordere mein Recht. Wo ist der Mann, der mich um meine Ehre und um die Königstochter bringen will?«
»Besser für dich wäre, Truchseß«, sagte der König, »du würdest auf das, was du dein Recht nennst, verzichten.«
»Auf Isolde verzichten? Nie!« rief der Truchseß.
»Noch können wir die Sache ohne Schaden für dich beilegen«, sagte die Königin.
»Glaubt Ihr, ich, der Drachentöter, habe Angst vor dem Kampf mit einem Betrüger?«
»Wie du willst«, sagte die Königin. »Paranis, hole den Mann!«
Ein Raunen ging durch den Saal. Alle starrten zur Tür. Als Paranis sie öffnete, trat die schöne und stolze Brangäne herein. Sie führte Tristan an der Hand.
Der hatte aus dem Schrein, den ihm Kurvenal gebracht hatte, nur seine Kleider und einen Haarschmuck genommen, alle anderen Schätze den drei Frauen geschenkt. Jetzt glänzten in Gold gefaßte Topase wie Sterne in seinem braunen Haar. Mit Gold war auch sein Seidengewand durchwoben. Sein Rock war außen mit weißen Perlen bestickt, innen war er veilchenfarben.
Die Iren machten ihm ehrfürchtig Platz, die Ritter aus Cornwall aber begrüßten ihn stürmisch. Nur der Truchseß machte ein finsteres Gesicht.

Der König gebot Ruhe. »Jetzt, Truchseß, wiederhole vor diesem Mann deine Behauptung.«
»Ich war es, der den Drachen erschlug.«
»Nein, Herr«, sagte Tristan ruhig, »ich tat es.«
»Ich kann es beweisen«, rief der Truchseß.
»Womit?«
»Mit diesem Drachenhaupt.«
»Der Beweis mag gelten«, sagte Tristan, »wenn in dem Haupt auch eine Zunge ist.«
Man öffnete das Maul des Drachens und fand die Zunge nicht. Tristan wies sie vor. »Nun urteilt selbst, ihr Herren!«
Da gab es keinen mehr im Saal, der Tristan nicht für den wahren Drachentöter hielt.
Widersprechen wollte nur der Truchseß, er wußte jedoch nicht was und begann zu stottern. Er wurde ausgelacht.
»Also, Herr König, steht mir Eure Tochter zu«, sagte Tristan.
»Ja, aber höchstens, wie wir abgemacht haben.«
Da fand der Truchseß endlich wieder Worte. »Nein, das ist Betrug. Ich fordere den Zweikampf.«
»Gut«, sagte Tristan. »Ich bin bereit.«
Da bereute der Truchseß wieder seinen Mutwillen. Er trat mit seinen Verwandten beiseite, um bei ihnen Rat zu suchen. »Die Ehre hast du schon verloren«, sagten sie, »warum willst du nun auch das Leben noch verlieren?«
Da trat der Truchseß wieder vor den König und sprach: »Herr, aus dem Zweikampf wird leider nichts. Meine Leute verlangen von mir, die Forderung zurückzunehmen.«
Das gab großes Gelächter im Schloß zu Weisefort. Die Lüge endete mit öffentlicher Schande. Tristan aber wurde hoch geehrt, auch als die Iren erfuhren, wer er war. Die Versöhnung zwischen den beiden Ländern erfreute aller Herzen.
Der König führte seine Tochter Tristan zu und legte beider Hände

ineinander. Für seinen Herrn, den König Marke, empfing der Brautwerber so die Braut.
»Öffentlich gelobe ich«, sagte Tristan, »daß Isolde, Eure Tochter, das Land Cornwall als Morgengabe erhalten und Herrin über ganz England werden wird. Nun aber habe ich noch eine Bitte: Gebt, der neuen Königin zuliebe, die jungen Leute frei, die Ihr als Zins von uns bekommen habt.«
»Sie sollen mit Euch fahren«, sagte König Gurmun.
Man holte die Gefangenen aus dem ganzen Land herbei. Isolde, Tristan und seine Leute rüsteten zur Reise.

16
Der Liebestrank

Einige Tage vor der Abreise nahm die Königin Brangäne beiseite und sprach: »Erschrick nicht, liebe Nichte, wenn ich dir sage, daß du Isolde in die Fremde begleiten mußt. Sie kennt dort niemanden, und du bist ihre vertrauteste Freundin. Aber es gibt noch einen anderen Grund. Einen Auftrag gebe ich dir, von dem nie ein Mensch erfahren darf. Keinem als dir kann ich ihn anvertrauen. Sieh dieses Glasgefäß! Sein Inhalt sieht aus und schmeckt wie Wein, ist aber ein Liebestrank, den ich nach geheimen Rezepten zubereitet habe. Zwei, die davon trinken, sind gezwungen, sich über alles zu lieben, Leiden und Freuden, Leben und Tod miteinander zu teilen. Er ist für meine Tochter und ihren zukünftigen Mann bestimmt. Wenn die beiden sich in Liebe vereinigt haben, laß sie davon trinken, aber niemanden sonst. Bewache das Gefäß sorgfältig. Das Glück Isoldes liegt mit ihm bei dir.«

»Ich werde tun, was Ihr befehlt, Herrin«, sagte Brangäne und nahm den Trank in Verwahrung.

Beim Abschied wurden viele Tränen vergossen. Der König und die Königin mit ihrem Gefolge begleiteten die scheidende Isolde bis zum

Hafen. Weinend ging sie an Tristans Hand. Bevor sie das Schiff bestieg, küßte und umarmte sie wieder und wieder ihre bekümmerten Eltern. Als letzter betrat Tristan das Schiff, bat Gott um seinen Segen für die Fahrt, für Irland und für Cornwall und befahl, vom Lande abzustoßen. Er stimmte das Lied an »In Gottes Namen fahren wir«, und alle stimmten ein. Mit der weinenden Isolde stand er an Deck und sah ihr Heimatland am Horizont verschwinden.

Für die königliche Braut war ein Raum im Schiff hergerichtet worden, wo sie sich mit ihren Mädchen aufhielt. Manchmal kam Tristan zu ihr, um sie zu trösten; denn sie weinte und klagte noch tagelang. Doch wenn er mitleidig den Arm um sie legte wie um ein trauriges Kind, wehrte sie ihn ab und machte ihm Vorwürfe: Er sei an ihrem Leide schuld, nur durch ihn sei sie in die Fremde verkauft worden. Und wenn Tristan sie daran erinnerte, daß eine glänzende Zukunft als Königin vor ihr läge, sagte sie, Freude unter bescheidenen Verhältnissen sei ihr lieber als Kummer unter glänzenden. Selbst den verächtlichen Truchseß zu heiraten schien ihr jetzt weniger schlimm, als Eltern und Heimat zu verlassen. Tristan redete viel, um ihr die Abschiedstrauer zu erleichtern, aber es half wenig.

Da viele Mädchen von der ungewohnten Schiffsfahrt seekrank wurden, steuerte Tristan bald Land an, damit sie sich erholen konnten. Fast alle gingen von Bord, um sich die Beine zu vertreten, nur Isolde nicht. Sie saß allein in ihrer Kajüte. Tristan ging zu ihr. Lange sprachen sie miteinander, so wie viele Tage vorher auch. Da fühlte er Durst und bat um etwas Wein. Isolde rief nach einem ihrer Mädchen. Das sah an Brangänes Lager eine Flasche stehen, hielt deren Inhalt für Wein und schenkte ein. Es war aber das Gift der Liebe. Sie tranken beide davon.

Brangäne wurde bleich vor Schreck, als sie hereinkam und die leere Flasche zwischen beiden stehen sah. Erstarrten Herzens griff sie sie, ging an Deck und schleuderte sie ins Meer: »O weh, arme Isolde, o weh, armer Tristan!« rief sie. »Leid und Tod habt ihr getrunken.«

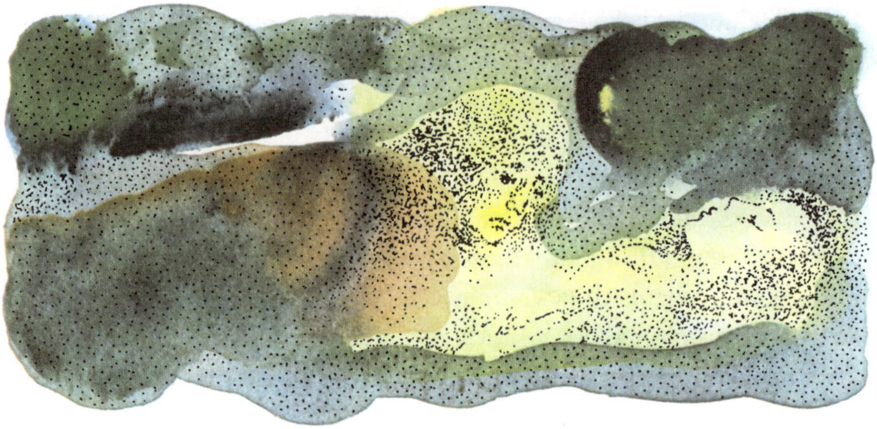

17

Die Liebe

Der Trunk wirkte rasch. Ehe sie begriffen, was mit ihnen geschah, hatte die Liebe beide überwältigt. Von nun an war beider Sehnen nur auf den anderen gerichtet. Nur wußte noch keiner, daß es dem anderen ging wie ihm. Scham machte den Anfang schwer.

Als Tristan seine Liebe spürte, wehrte er sich mannhaft. Seine Ehre und seine Treuepflicht setzte er dagegen. Aber die Liebe war stärker. Sie schlug ihn in Fesseln. Er konnte nicht widerstehen.

Auch Isolde wehrte sich gegen die Lockung der Liebe. Aber schon waren ihr Herz und ihre Sinne wie festgeleimt an den Mann, dem ihr Sehnen galt. Wider ihren Willen strebten alle ihre Gefühle zu ihm hin. Wo sie ging und stand, suchte sie ihn mit den Augen. Erst wandte sie ihre Blicke ab, wenn seine sie trafen, doch bald erwiderte sie sie.

Jederzeit, wenn es der Anstand erlaubte, sahen sie sich gegenseitig an, und beide fanden sie sich jetzt, da sie liebten, schöner als zuvor. Jede Abwesenheit des anderen schmerzte, jede Anwesenheit verwirrte sie. Oft sprachen sie miteinander, aber so leise, daß niemand es hörte.

»Wißt Ihr noch, Tristan, wie Ihr nach Develin kamt, im Kahn, verwundet, allein, wie wir Euch pflegten, meine Mutter Euch heilte?«
»Wißt Ihr noch, Herrin, wie ich Euch die Kunst des Schreibens und Dichtens, Latein und das Saitenspiel lehrte?«
»Wißt ihr noch, wie ich Euch nackt sah, zweimal, nach dem Drachenkampf erst, dann im Bade?«
»Wißt Ihr noch, wie Ihr das Schwert auf meine Brust setztet?«
»Ach, Tristan, wenn ich gewußt hätte, was mich heute verwirrt, dann hätte ich zugestoßen.«
Sie saß neben ihm, an ihn gelehnt, neigte den Kopf wie in Trauer und legte ihn auf seine Schulter. Er umfing sie mit seinem Arm.
»Sagt mir, Schöne, was ist es, das Euch heute verwirrt und das Ihr damals nicht wußtet?«
Da seufzte Isolde und sagte leise: »Lamär ist meine große Not, lamär beschwert mir das Gemüt, lamär ist sicher noch mein Tod.«
Das französische Wort, das sie benutzte, hatte, wie Tristan wußte, dreierlei Bedeutung. L'ameir hieß bitter, la meir hieß Meer, L'ameir hieß aber auch lieben.
Vorsichtig fragte Tristan: »Das Meer ist es, das Euch bedrückt?«
Sie schüttelte den Kopf.
»Ist es die salzige Bitterkeit des Seewinds?«
Sie verneinte wieder und sah ihn an. Da faßte er sich ein Herz und flüsterte ihr zu: »Dann geht es Euch wie mir. Nichts auf der Welt erfreut mein Herz als Ihr.«
Da sie nun wußten, daß einer des anderen Liebe erwiderte, fiel ein Teil des Leids von ihnen ab; der andere Teil aber wurde um so drükkender. Das Geständnis war schon der Beginn der Stillung ihrer Liebesnot, doch drängte es sie sehr jetzt zur Vollendung. Mit Küssen schenkten und tranken sie die Süße, die aus ihrem Herzen kam. Mit Zärtlichkeiten versuchten sie sich zu sagen, was Worte nicht sagen konnten. Jede Minute nutzten sie zum Beieinandersein, heimlich, so daß niemand es merkte, außer der einen: Brangäne.

Die fühlte sich schuldig an der Liebesnot der beiden. Sie sah sie lächeln und seufzen und die Farbe wechseln, sah, wie sie sich nacheinander verzehrten, schlecht schliefen, kaum noch aßen. Furcht überkam sie, daß die Folgen des Tranks die beiden töten könnten.

Eines Tages setzte sie sich zu ihnen und sagte: »Ich sehe Euer Leid. Habt Vertrauen zu mir. Vielleicht kann ich Euch helfen.«

»Versprecht Ihr Stillschweigen?« fragte Tristan.

»Gewiß!«

»Dann will ich Euch gestehen, gute Brangäne, daß unsere Liebe zueinander größer ist als alles sonst. Erfüllte Liebe ist großes Glück, unerfüllte aber schweres Leid. Das fühlen wir jetzt, da wir nie allein sein können. Wenn nicht die anderen Mädchen, so seid doch Ihr immer in unserer Nähe. Da bleibt uns für die rechte Liebe weder Platz noch Zeit. Fast ist uns, als ob wir daran sterben müßten.«

Brangäne wandte sich an Isolde: »Ist Eure Not, Herrin, wirklich so groß, wie Tristan behauptet?«

»Ja«, sagte Isolde, »obwohl ich weiß, daß ich meiner Ehre wegen von Tristan lassen sollte, kann ich es doch nicht. Etwas, das größer ist als Ehre, zwingt mich. Ich fühle mich wie eine Kranke, und die einzige Arznei, die mein Leben retten kann, heißt Tristan.«

»So will ich Euch die Arznei nicht vorenthalten«, sagte Brangäne. »Tut das also, was Ihr tun müßt, und achtet meiner nicht. Doch sorgt dafür, daß diese Schande außer uns dreien kein Mensch erfährt.«

In dieser Nacht schlich Tristan leise zu Isoldes Lager. Er stillte ihr Verlangen und sie das seine. Das Band, das dadurch ihre Herzen aneinander fesselte, war so stark, daß keine Kraft der Welt es mehr zerreißen konnte.

Doch wollte das Glück dieser Nacht ständig erneuert sein. Die beiden nutzten jede unbewachte Stunde der Seefahrt dazu. Verbittert wurde die Süße dieser Zeit nur durch Gedanken an die Zukunft. Isolde sollte einen Mann erhalten, den sie nicht haben wollte, und dieser Mann durfte nie erfahren, daß sie bereits zur Frau geworden war.

Doch wie das verheimlichen? Die beiden sprachen oft darüber, bis dem listigen Tristan der rettende Gedanke kam: Die Jungfrau Brangäne mußte statt Isolde mit König Marke das Hochzeitslager teilen. Sie sprachen gleich mit ihr. Erst lehnte das Mädchen entrüstet ab, doch dann, bedrückt von ihrer Schuld, stimmte sie endlich zu.

»Ich brachte Euch das Leid«, sagte sie. »Nun trage ich es mit.«

»Wie meint Ihr das?«

Da erzählte Brangäne vom Liebestrank, den sie getrunken, und Tristan sagte: »War es auch Gift, so brachte es uns nicht den Tod, sondern das wahre Leben.«

Außer Isolde, Tristan und Brangäne freuten sich alle, die an Bord waren, als die Küsten Cornwalls endlich in Sicht kamen. Die drei hätten am liebsten nie dieses Land betreten.

18

Messing statt Gold

Mit großer Pracht wurde Isolde an Markes Hof empfangen. Achtzehn Tage später fand die Hochzeit statt. Isolde wurde als Herrscherin über Cornwall und England eingesetzt, mit der Bedingung, daß Tristan ihr Erbe sei, falls sie keine Kinder gebäre. Alle Landherren huldigten ihr. Dann sollte sie mit König Marke die Hochzeitsnacht verbringen.

Während der König zu Bett ging, tauschten Isolde und Brangäne die Kleider. Tristan löschte die Kerzen. Dann führte er Brangäne in des Königs Kemenate. Dort legte sie die Kleider ab. Der König umarmte sie. Da ihr Körper schön war wie der Isoldes, merkte er nichts von dem Betrug. Ahnungslos nahm er Messing an Stelle des Goldes. Doch hat es noch nie so schönes, glänzendes Messing gegeben.

Gelassen ertrug Brangäne, was der König mit ihr machte. Sie gewährte ihm alles, was er begehrte, und wehrte sich nicht. Isolde aber war in großer Furcht.

Hoffentlich bleibt sie mir treu, dachte sie immer wieder. Vielleicht gefällt es ihr in den Armen des Königs so gut, daß sie dort bis zum Morgen bleibt und alles entdeckt wird.

Aber es gab keinen Grund für Isoldes Furcht. Brangäne war ihrer Herrin ergeben wie keine sonst. Als der König erschöpft von ihr abließ, glitt sie aus dem Bett, und Isolde legte sich zu ihm. Als der König, wie es die Sitte vorschrieb, den Wein verlangte, verließ Brangäne leise den Raum. Tristan brachte das Licht und den Wein, und König und Königin tranken auf die verlorene Jungfräulichkeit. Dies war der Moment, für den Isoldes Mutter den Liebestrank bestimmt hatte. Aber den hatte Isolde schon mit ihrem Tristan getrunken.
Eine Qual war es für Isolde, daß sie sich nun mit ihrem Gemahl ins Bett legen mußte. Der genoß sie genauso wie vorher Brangäne. Frau war ihm Frau, und er merkte nichts von dem Unterschied zwischen Messing und Gold.

19

Die böse Königin

Der König liebte Isolde sehr. Die Lehnsherren und das Volk bewunderten ihre Schönheit, Klugheit und Reinheit. Wie die Sonne, so sagten sie, spendet Isolde dem ganzen Land Freude. Daß sie, sooft es nur möglich war, Stunden der Liebe mit Tristan verlebte, wußte niemand – außer Brangäne.

Um derentwegen machte die Königin sich große Sorgen. Immerzu mußte sie daran denken, welches Elend über sie käme, wenn Brangäne das Geheimnis verriete. Wie leicht könnte es geschehen, daß Brangäne sich in Marke verliebte und ihm alles erzählte. Aus Angst davor faßte sie einen schrecklichen Entschluß, den sie bald darauf schon bereuen sollte.

Sie holte sich zwei fremde Knechte in das Schloß, ließ sich von ihnen Treue und Verschwiegenheit schwören und sprach zu ihnen: »Ich schicke euch ein Mädchen, mit dem reitet in den Wald, dorthin, wo er am einsamsten ist, und schlagt ihr den Kopf ab. Die Zunge bringt mir zum Beweis eurer Tat. Merkt euch alles, was sie vor ihrem Tode sagt. Zur Belohnung werdet ihr reich beschenkt und zu Rittern geschlagen.«

Sie ging zu Brangäne, täuschte Kopfschmerzen vor und bat sie, ihr Heilkräuter aus dem Wald zu holen. »Zwei Knappen stehen bereit, dich zu begleiten.«

Brangäne erfüllte gern den Wunsch ihrer Herrin und ritt mit den beiden Männern los. An einer Stelle, an der viele Kräuter wuchsen, stieg Brangäne ab und begann zu pflücken. Da standen die beiden plötzlich mit gezückten Schwertern vor ihr. Sie erschrak so heftig, daß sie zu Boden sank. Die Glieder zitterten ihr vor Furcht.

»Gnade, ihr Herren«, rief sie. »Was wollt ihr von mir?«

»Auf Befehl der Königin werden wir Euch töten. Ihr werdet schon wissen, was Ihr ihr Böses angetan habt.«

»Nichts habe ich ihr getan«, sagte Brangäne. »Führt euren Befehl aus, aber laßt mich erst ausreden. Sagt der Königin, daß ich unschuldig bin. Das einzige, das sie mir vorwerfen könnte, ist dies: Als wir Irland verließen, hatte jeder von uns ein schneeweißes Hemd. Auf der Fahrt schien die Sonne so heiß, daß die Königin ihres ständig trug, während ich das meine schonte. Als nun Isolde nach der Hochzeit neben ihrem Gemahl liegen sollte, war ihr das Hemd dazu nicht mehr schön genug. Ich lieh ihr meins, machte ihr aber Vorwürfe ihres Leichtsinns wegen. Ist das mein Vergehen, für das ich sterben soll, so tötet mich. Es sei ihr vergeben. Gott möge sie behüten.«

Die Männer sahen sich an und ließen ihre Schwerter sinken. Dieses unschuldige Mädchen zu töten war ihnen unmöglich. Bitter bereuten sie, diesen Mordauftrag angenommen zu haben. Sie hoben Brangäne auf einen Baum, damit die Wölfe sie nicht fressen konnten, töteten einen Hund, schnitten ihm die Zunge heraus, brachten die der Königin und erzählten ihr, was Brangäne vor ihrem angeblichen Tod gesagt hatte.

»O weh«, rief Isolde. »Dann habt ihr also eine Unschuldige getötet.«

»Aber das sollten wir doch, Herrin?«

»Nein, nein, nein!« rief Isolde. »Sie war meine treueste Freundin. Für diese Tat werdet ihr selbst euer Leben lassen müssen.«

»Und wenn wir sie Euch lebend zurückbringen, wunderliche Herrin?«
»Dann sollt ihr bekommen, was ich euch als Belohnung versprach. Sagt schnell: Ihr tötetet sie also nicht?«
»Sie lebt, Herrin. Wir brachten es nicht übers Herz.«
Sie ritten in den Wald und führten Brangäne wohlbehalten aufs Schloß zurück. Isolde war glücklich, daß ihre bösen Absichten nicht ausgeführt worden waren. Sie schloß Brangäne in die Arme und küßte sie wieder und wieder. Von diesem Tag an hatte sie keinen Argwohn mehr gegen sie, und Brangäne trug ihr nie etwas nach. Sie waren wieder die besten Freundinnen, die keine Geheimnisse voreinander hatten. Auch alles, was ihre nie endende Liebe zu Tristan betraf, vertraute Isolde Brangäne an. Und da gab es täglich Neues zu berichten von großen Freuden und kleinen Leiden. Denn sooft es ging, traf die Königin heimlich mit ihrem Geliebten zusammen. Und niemand am Hof ahnte etwas davon.

20

Rotte und Harfe

Zu dieser Zeit landete ein Schiff aus Irland im Hafen von Tintajol. Ein Ritter stieg an Land und ritt allein zum Schloß. Er war reich gekleidet, trug aber keine Waffen. Auf seinem Rücken hing ein kleines, reich verziertes Saiteninstrument, das man Rotte nannte. Er ließ sich beim König und der Königin melden und wurde empfangen. Isolde erkannte ihn sogleich. Er hieß Gandin und hatte in Irland schon lange zu ihren Verehrern gehört. Sie fragte ihn sofort nach allen Neuigkeiten aus der Heimat aus, und er antwortete freundlich und geschickt, nahm aber, zu aller Verwunderung, die Rotte nicht vom Rücken, selbst beim Essen nicht. Schließlich fragte ihn der König, ob er nicht so gut sein wolle, ihm und dem Gefolge etwas vorzuspielen.
»Nur, wenn ich weiß wofür, Herr«, sagte der Gast.
»Ihr wollt also belohnt sein«, sagte der König. »Wenn Ihr gut spielt, Herr, gebe ich Euch, was Euch gefällt.«
»Gut«, sagte Gandin und spielte eine Melodie, die allen so gefiel, daß der König gleich um eine zweite bat.
»Für den Lohn, den Ihr versprächt, spiele ich alles, was Ihr wünscht«,

sagte der Ire lächelnd und spielte wieder wunderbar. Dann aber erinnerte er den König gleich an sein Versprechen.

»Ich habe es nicht vergessen«, sagte König Marke. »Nennt mir Euren Wunsch!«

»Gebt mir Isolde, Herr!«

»Das ist unmöglich!« rief der König. »So war das nicht gemeint. Ihr könnt Euch wünschen, was Ihr wollt, dies eine ausgenommen.«

»Ich habe nur den einen Wunsch: Isolde.«

»Niemals bekommt Ihr sie!«

»Hält ein König so sein Wort?« sagte Gandin. »Überlegt es Euch gut. Wenn bekannt wird, daß Ihr Versprechen nicht haltet, werdet Ihr nicht mehr lange König sein. Ich bestehe auf mein Recht. Wer es mir zu bestreiten wagt, der mag mit mir kämpfen.«

Herausfordernd sah er Marke an. Der sah flehend auf die Schar seiner Ritter.

Doch niemand erhob sich und nahm die Forderung an. Auch Marke selbst fand nicht den Mut zum Kampf um Isolde. Gandin war zu stark und als zu tapfer bekannt, als daß jemand gegen ihn anzutreten wagte. Ungehindert konnte er die weinende Königin auf sein Pferd heben und mit ihr zum Meer reiten, wo sein Schiff, da Ebbe war, im Ufersand festlag. In einem Zelt, das ihm seine Leute am Strand aufbauten, wartete er mit Isolde auf die Flut.

Tristan hatte an diesem Tag im Wald gejagt. Als er an den Hof zurückkehrte und von der Entführung hörte, ergriff er seine Harfe und ritt schnell an den Strand. In einem Wäldchen, unweit des Meeres, band er sein Pferd an, legte sein Schwert ab und ging mit der Harfe zum Zelt des Iren.

»Gott mit Euch, edler Ritter!« sagte er auf irisch. »Wie ich höre, seid Ihr ein Landsmann von mir und wollt in die Heimat zurück. Ich bitte Euch, nehmt mich mit.«

»Gern, Spielmann«, sagte Gandin. »Setz dich, bis die Flut kommt, vor das Zelt und spiel, so gut du kannst, um meine traurige Herrin zu erfreuen. Gelingt es dir, mit deinem Spiel ihr Weinen zu stillen, gebe ich dir das beste Gewand, das ich habe.«

»Gut«, sagte Tristan und spielte eine der süßen Melodien, die Isolde von ihm kannte und liebte. Gleich versiegten ihre Tränen, da sie den Geliebten nahe wußte.

Die Flut machte das Schiff wieder frei. Gandins Leute riefen ihrem Herrn zu, er solle schnell an Bord kommen, bevor Tristan von der Entführung erführe, denn dem sei auch er nicht gewachsen. Das ärgerte Gandin, und er rief zornig: »Tristans wegen gehe ich nicht eher an Bord. Spielmann, greif noch einmal in die Saiten. Wir haben Zeit.«

Wieder spielte Tristan, diesmal eine lange Weise, der Gandin hingegeben lauschte. Als sie endete, war die Flut so hoch gestiegen, daß man zu Fuß das Schiff nicht mehr erreichen konnte.

»Herr«, rief Tristan, »da Euer Pferd schon auf dem Schiffe ist, nehmt meins, es steht ganz in der Nähe.«

»Sehr gut«, sagte Gandin. »Hol es schnell. Du weißt, mein bestes Kleid soll deines sein.«

Schnell kam Tristan beritten zurück, die Harfe auf dem Rücken. »Hebt mir Eure Herrin herauf. Ich will sie trocken auf das Schiff bringen.«

»Nein«, sagte Gandin. »Steigt ab. Ich selbst will sie geleiten.«

»Nur mit dem Spielmann gehe ich an Bord«, sagte da Isolde.

Weil die Zeit drängte, gab Gandin nach. Er hob Isolde zu Tristan aufs Pferd. »Sei achtsam, Geselle!«

»Das will ich immer sein«, sagte Tristan und trieb sein Pferd an, aber nicht ins Wasser, sondern das Ufer hinauf.

»Du Tölpel«, schrie Gandin. »Hier geht es lang!«

»Der Tölpel seid Ihr«, rief Tristan. »Mit einer Rotte habt Ihr König Marke überlistet, mit einer Harfe überlistete Tristan Euch. Ich nahm mir nur, was Ihr mir verspracht: Euer bestes Kleid.«

Damit sprengte Tristan mit der Geliebten davon. Unterwegs, zwischen Gras und Blumen, genossen sie ihr Liebesglück. Dem König

aber sagte er zum erstenmal böse Worte, als er ihm Isolde wieder übergab. »Die ganze Welt wird darüber spotten, daß einem König seine Königin nicht mehr wert ist als ein Saitenspiel. Ich rate Euch sehr: Hütet meine Herrin künftig besser!«

21
Marjodo

Stille Verehrer hatte Isolde viele am Hofe von Tintajol. Einer von ihnen war der Baron Marjodo, der oberste Truchseß des Königs. Um der Königin zu gefallen, suchte er Tristans Freundschaft. Beide waren oft zusammen, vertrugen sich gut und teilten eine Schlafkammer.

In einer Winternacht erwachte Marjodo von einem bösen Traum. Er war so verängstigt, daß er Tristan wecken wollte. Aber Tristan war nicht da; sein Bett war leer, jedoch die Decken waren noch warm. Er wird zu irgendeinem Fräulein geschlichen sein, dachte Marjodo und ärgerte sich, daß Tristan ihm nichts von seinen Geheimnissen erzählte. Er stand auf, zog sich an und ging leise zur Tür. Draußen sah er Tristans Spuren im frischen Schnee und folgte ihnen. Sie führten durch den Garten bis vor die Tür einer abseits gelegenen Kemenate. Deutlich konnte er draußen hören, was drinnen geschah: Eine Frau und ein Mann lagen im Bett und liebkosten sich. Die Stimmen der beiden erkannte er sofort. Es waren die Isoldes und Tristans.

Marjodo erschrak heftig. Die Verehrte in eines anderen Arm zu wissen schmerzte tief. Haß auf Tristan wollte ihn dazu verleiten, Lärm zu schlagen, doch Angst vor Tristan hielt ihn davon ab. Leise ging er zurück und legte sich wieder.

Er blieb wach, bis Tristan zurückkehrte, verschwieg aber seine Entdeckung. Auch dem König sagte er am anderen Morgen, aus Angst vor Tristan, nicht die volle Wahrheit. Bei Hofe liefe ein Gerücht um, berichtete er, daß Isolde mit Tristan ein ehebrecherisches Verhältnis habe. Der König sollte auf der Hut sein und auf die beiden achten.

Das traf den König schwer. Er glaubte nicht an die Wahrheit des Gerüchts, doch geriet er in Unruhe und beobachtete das Betragen der beiden zueinander genau.

Eines Nachts, als er bei Isolde lag, versuchte er sie durch eine List zu prüfen. »Eine Wallfahrt beabsichtige ich, Herrin«, sagte er, »in wessen Obhut und Pflege soll ich Euch solange geben?«

»Mich wundert, daß Ihr fragt«, antwortete Isolde unbefangen. »In Tristans natürlich. Er behütet Euer Land und Euer Volk, er wird auch mich behüten.«

Das mißfiel König Marke sehr, und seine Zweifel an Tristans und Isoldes Treue wurden größer. Als er Marjodo davon erzählte, sagte dieser: „Da seht Ihr es, Herr, wie weit es schon mit ihr gekommen ist. Sie kann ihre verbrecherische Liebe kaum noch verbergen. Um Eurer Ehre willen dürft Ihr Tristan nicht länger bei Hofe dulden.«

Isolde aber ahnte nichts von dieser Prüfung. Sie freute sich nur über des Königs Absicht zu verreisen. Als sie Brangäne von dem Nachtgespräch erzählte, sagte diese: »Das war nicht klug, Herrin. Die Frage nach dem Beschützer war eine List, der müßt Ihr auch mit List begegnen.«

Als nun der von Argwohn und Zweifel tief bedrückte Ehemann am anderen Abend, wie Marjodo ihm geraten, wieder von der Reise zu reden begann, hielt Isolde sich an Brangänes Rat.

Sie konnte, wie alle Frauen, weinen ohne Grund. Das tat sie heftig, seufzte, stöhnte und schluchzte schließlich: »O weh, Herr, als Ihr gestern von der Wallfahrt spracht, dachte ich, es sei nur Spaß. Jetzt

merke ich, daß Ihr wirklich lange Zeit Euch von mir trennen wollt. Wie soll ich diesen Schmerz ertragen? Ich bin allein hier in der Fremde ohne Euch. Daß Ihr die Trennung von mir überhaupt erwägt, zeigt mir, daß ich Euch gleichgültig bin. Das macht mich weinen.«
»Nicht doch, Schöne«, sagte der König gerührt und von seinen Zweifeln fast befreit, »das ganze Land steht Euch zu Diensten, und Tristan wird Euch schützen.«
»Herr Tristan besonders macht mir Angst«, antwortete Isolde und weinte noch mehr. »Unaufrichtig ist er wie keiner sonst. Er fürchtet meinen Haß, weil er den Oheim mir erschlug. Deshalb sagt er mir schmeichelnd schöne Worte, macht mir schöne Augen, sucht meine Freundschaft. Doch ich verachte ihn. Freundlich zu ihm bin ich nur Euretwegen, weil Ihr ihn schätzt und liebt. Beschützt von ihm will ich nicht einen Tag sein. Lieber nehmt mich mit auf Eure Reise.«
Das besänftigte des Königs Argwohn völlig. Baron Marjodo aber redete so lange wieder auf ihn ein, bis er sich vornahm, seiner Frau erneut mit Reden Fallen zu stellen.
»Ich habe es mir überlegt, Herrin«, sagte er am Abend zu Isolde. »Alle, die Euch unlieb sind von meinen Verwandten und Lehnsleuten, will ich wegschicken vom Hofe, damit sie Euch während meiner Abwesenheit nicht belästigen, vor allem meinen Neffen Tristan, der Euch so zuwider ist. Er soll sofort nach Parmenien zurückkehren.«
»Habt Dank, Herr«, antwortete Isolde und gab sich große Mühe, ihren Schreck zu verheimlichen. »Ihr seid sehr lieb zu mir und sehr um mich besorgt. Doch kann ich Euer Anerbieten nicht annehmen. Wenn Ihr Tristan wegjagt, würde das Eurer Ehre schaden; denn alle würden sagen, Ihr tätet das um meinetwillen, weil ich ihn hasse. Und außerdem: Keine Frau wie ich und keiner Eurer Lehnsherrn kann Euer Land so schützen wie Tristan. Nein, Herr, ob ich ihn hasse oder nicht, laßt Tristan hier.«
Da wurde Markes Argwohn wieder rege. Zu deutlich gab sie zu er-

kennen, wie ihr Herz an Tristan hing. Nachträglich merkte sie es selbst und bat Brangäne um Rat.
»Herr«, fragte sie in der nächsten Nacht den König und zog ihn sanft an ihre zarten Brüste, »wollt Ihr Tristan meinetwegen wirklich wegschicken? Wenn es Euch ernst ist, tut es. Wie leicht kann Euch auf Reisen etwas zustoßen. Ist Tristan hier, reißt er die Macht an sich und nimmt mir Land und Ehre. Viel besser wird der Truchseß Marjodo mich behüten. Aber entscheidet bitte selbst. Mir geht es immer nur darum, Euren Willen zu erfüllen.«
So umschmeichelte sie den König lange, bis er wieder fest an ihre Treue glaubte, Marjodo aber für einen Lügner hielt.

22

Der Zwerg Melot

Am Hofe lebte ein Zwerg, der Melot hieß. Er war redegewandt und schlau und hatte sowohl beim König als auch in den Frauengemächern ständig Zutritt. Den machte Marjodo zu seinem Verbündeten, als er merkte, daß er auf andere Weise sein Ziel nicht erreichte. Er solle stets auf Isolde und Tristan achtgeben, sagte er ihm, und herauszufinden versuchen, ob die beiden ein Liebesverhältnis miteinander hätten.

Ständig umlauerte der Zwerg nun die beiden. Bald hatte er heraus, wie liebevoll sie sich ansahen, wie süß sie miteinander redeten, wie vertraut ihre Gebärden waren. Das meldete er Marjodo und dem König. Darauf beschlossen die drei, Tristan von Isolde fernzuhalten. Sie hofften, daß er sich dann verriete.

Der König befahl seinem Neffen, die Frauengemächer und den Palast künftig zu meiden, weil ein Gerücht umliefe, dem man begegnen müsse. Mit Schmerzen gehorchte Tristan dem Befehl. Sorgenvoll ging er einsam umher und dachte an die, die er nicht mehr sehen durfte. Die Hofleute redeten schlecht über ihn, sie höhnten und kränkten ihn,

aber er tat, als ob er es nicht hörte. Von der Stunde der Trennung an wurde er krank vor Sehnsucht. Isolde ging es ebenso. Beider Gesundheit verfiel. Sie wurden bleich und matt.
Als König Marke das merkte, wichen seine Zweifel schrecklicher Gewißheit. Aber er wollte sicherere Beweise. Wenn ich nicht da bin, werden sie der Versuchung, sich zu sehen, nicht widerstehen können, dachte er und ritt mit lärmender Gesellschaft zur Jagd. Zwanzig Tage würde er im Walde bleiben, hatte er verbreiten lassen. Dem Zwerg aber hatte er eingeschärft, die Königin nicht aus den Augen zu lassen.
Tristan blieb daheim. Er sei krank, hatte er sagen lassen. Das glaubte ihm jeder, denn er sah so aus. Aber seine Gesundheit wiederzugewinnen war nicht leicht. Denn auch bei Markes Abwesenheit war es nicht möglich, ungesehen zu Isolde zu gelangen.
Da ging Brangäne zu ihm. »Ich habe Angst um euch beide«, sprach sie. »Die Qualen der Trennung werdet ihr nicht lange mehr ertragen können. Ihr müßt euch wieder sehen, sonst kommt ihr um. Macht Folgendes: Wenn Ihr Gelegenheit habt, beim Brunnen allein zu sein, nehmt einen Ölbaumast, schneidet daraus Späne und zeichnet sie mit T und I. Dann werft die Späne in den Bach, der von dem Brunnen zu unserer Kemenate fließt. Dort sitzen wir Tag und Nacht und trauern. Sehen wir einen Span, so wissen wir, daß Ihr beim Brunnen seid, und kommen, wenn es möglich ist.«
»Ich danke Euch von ganzem Herzen, Schöne«, sagte Tristan bewegt.
»Mein Leben gäbe ich, um Eure Qual zu lindern«, antwortete Brangäne weinend.
Da weinte auch Tristan vor Schmerz und Glück. Er küßte und umarmte sie voller Dankbarkeit und sagte zum Abschied: »Gott möge Eure Ehre und Euren schönen Leib bewahren!«
Bald folgte Tristan Brangänes Rat. Achtmal in acht Tagen, wenn er allein beim Brunnen war, schnitt er Späne, warf sie in den Bach und

hielt kurze Zeit darauf Isolde im Schutze eines dichten Ölbaums in seinen Armen. Beim neunten Male aber wollte es der Zufall, daß der verwünschte Zwerg Melot Tristans einsamen Gang zum Brunnen bemerkte. Er schlich ihm nach, versteckte sich und sah, wie bald danach Isolde kam und beide sich umschlangen.

Sofort ritt Melot der Jagdgesellschaft nach in den Wald und meldete dem König, was er gesehen hatte. »Kommt selber, Herr, mit mir heut nacht zum Brunnen. Mit eignen Augen werdet Ihr die Wahrheit sehen.«

Am Abend schlichen Zwerg und König in den Garten und suchten sich beim Brunnen ein Versteck. Da Büsche fehlten, erstiegen sie den Ölbaum und verbargen sich in den Zweigen. Bald ging der Mond auf und erhellte die Nacht. Tristan kam, schnitt Späne und ritzte die Buchstaben hinein. Als er sich, in sehnsüchtige Gedanken versunken, über die Quelle beugte und die Liebesboten dem Wasser anvertraute, sah er den Schatten des Ölbaums im Gras. Deutlich bildete der Mondschein die Zweige nach und zwischen ihnen die Umrisse zweier Gestalten.

Sofort wurde Tristan sich der Gefahr bewußt, ließ sich aber nicht anmerken, daß er den Hinterhalt entdeckt hatte. Herr, erbarme dich uns Liebenden, konnte er noch denken, dann sah er Isolde und Brangäne schon kommen. Er lief ihnen nicht wie sonst immer freudig entgegen, sondern blieb wie angewurzelt unter dem Baume stehen.

Das machte Isolde Angst. Langsam nur ging sie näher an ihn heran, sie argwöhnte eine Gefahr. Weit von Tristan entfernt blieb sie stehen. Jetzt sah auch sie die Schatten der Lauscher im Gras.

»Verzeiht, Herrin«, sagte Tristan mit einer Stimme, aus der jede Liebe verdrängt war, »daß ich Euch hierher bat. Aber um meiner Ehre wegen muß ich Euch eine Bitte vortragen.«

»Eurer Ehre stünde besser an, Herr Tristan«, sagte Isolde so scharf wie möglich, »solche Art Heimlichkeit zu unterlassen. Euer Wunsch zu diesem Gespräch ist eine Zumutung für mich. Ihr wißt doch so gut wie ich, daß am Hofe die Lüge verbreitet wird, ich hätte eine unerlaubte Freundschaft mit Euch. Ein Treffen wie dieses, bei Nacht, an abgelegenem Ort, kann den Gerüchten neue Nahrung geben. Wollt Ihr denn noch einmal hören, was Ihr längst wißt, daß mein Herz in unwandelbarer Treue nur immer dem gehört, dem ich die Rosenblüte meiner Unschuld opferte? Sagt schnell, was Ihr von mir wollt. Lange möchte ich hier mit Euch nicht weilen.«

»Meine Bitte ist die: Sagt meinem Oheim, Eurem Gemahl, daß ich ohne seine Huld nicht leben kann. In acht Tagen will ich fort von hier. Um seiner, Eurer, meiner Ehre wegen soll er in diesen acht Tagen gnädig zu mir sein und mich wie eh und je am Hofe leben lassen. Sonst sagen nachher unsere Feinde: Seht, er schied in Ungnade, also war doch etwas daran an dem Gerücht.«

»Was Ihr von mir verlangt, Herr Tristan, ist unmöglich. Zwar seid Ihr schuldlos, und Ihr tut mir leid, doch würde König Marke, wenn ich so zu Euren Gunsten redete, mich wieder aufs neue mit falschen Anschuldigungen bedrohen. Und wenn ich gar ihm sagte, daß ich Euch nächtlich traf, so würde sein ungerechtfertigter Zorn mich wieder treffen. Nein, nein, Herr Tristan, ich kann nichts weiter für Euch tun, als dem König immer wieder die Wahrheit zu versichern: daß Ihr so schuldlos seid wie ich. Doch kommen wir zum Schluß. Ich will nach Haus. Geht Ihr jetzt auch.«

»Gott möge Euch beschützen«, sagte Tristan und verbeugte sich. »Er weiß, daß die Erde noch nie eine so reine Frau getragen hat.«

Dann gingen beide in verschiedenen Richtungen davon, ohne auch nur einmal einen Blick nach oben geworfen zu haben, wo der König saß und sehr gerührt war. Als Tristan und Isolde verschwunden waren, begann er gleich auf den Zwerg zu schimpfen: Er habe ihn belogen, seine reine Frau verleumdet.

Am nächsten Morgen trat er vor Isolde hin und fragte sie nach ihrem Wohlergehen und nach Tristan. Da erzählte die Königin ihm alles, was er in der Nacht schon von ihr und Tristan am Brunnen gehört.

»Verflucht seien Marjodo und Melot«, rief der König, »die mir einreden wollten, Ihr und Tristan wäret mir untreu. Vergeßt, Königin, unseren Zwist und bittet Tristan, ihn auch zu vergessen.«

»Wenn ich, Herr«, sprach Isolde, »Euch heute mit Tristan versöhne, werdet Ihr mir morgen wieder vorwerfen, daß ich freundlich zu ihm gewesen bin.«

»Gewiß nicht, Herrin«, beteuerte der König. »Alles soll wieder sein wie vor meinem Argwohn.«

Und so wurde es auch wieder, wenn auch nur für kurze Zeit.

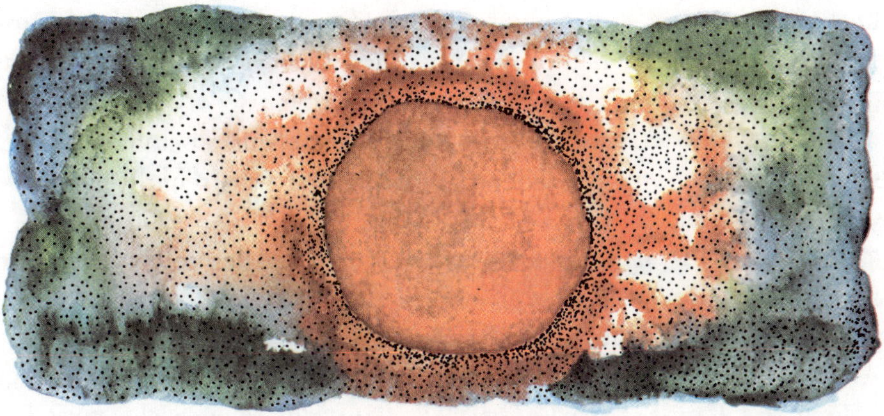

23

Das Gottesurteil

Marjodo und Melot sannen auf Rache. Heimtückisch näherten sie sich Tristan als falsche Freunde. Ständig boten sie ihm freundlich ihre Dienste an. Aus ihrem Munde floß dauernd Honig, heimlich aber brauten sie ihr Gift, um ihn zu verderben. Tristan war jedoch auf der Hut und warnte auch Isolde vor den beiden.

Eines Tages ließen sich alle zur Ader und lagen danach im Bett, um sich zu schonen, alle im selben Raum: Marke, Isolde, Brangäne, Tristan und Melot. Zur Abendmesse gingen nur der König und Melot, die anderen blieben auf ihren Lagern. Bevor der Zwerg aber ging, streute er heimlich Mehl auf den Boden vor Isoldes Bett. Brangäne sah es und warnte Tristan. Den aber verlangte es so sehr nach Isolde, daß er einen Sprung über den mehlbestreuten Estrich wagte.

Der Sprung gelang. Aber durch die Anstrengung platzte die kaum verheilte Ader wieder auf, und Tristan blutete, während er mit Isolde koste.

Als die Messe beendet war und Marke zurückkam, lag Tristan wieder im eignen Bett. Aber Isoldes Decken und Laken waren voller Blut.

Der König sah es, zog schnell Tristans Bettdecke weg und sah auch bei ihm das Blut. Er sagte kein Wort, ließ Licht holen und betrachtete den mehlbestäubten Boden. Aber kein Fußtritt war zu sehen. Da wurde ihm wieder zweifelhaft, was ihm vorher Gewißheit zu sein schien. Das Blut war ein Beweis, aber das unberührte Mehl schien ein Gegenbeweis zu sein.

Diese Ungewißheit war eine große Qual für den König, besonders deshalb, weil Melot und Marjodo wieder Gerüchte verbreiteten und alle Leute am Hofe über die Untreue der Königin klatschten. Um sein Ansehen zu wahren, mußte der König handeln. Den gelehrtesten Leuten des Landes, den Geistlichen, wollte er seine Sache vorlegen. Er berief ein Konzil ein. Alle Kirchenfürsten von Cornwall und England kamen in London zusammen. Auch Marke machte sich auf die Reise. Isolde mußte auf seinen Befehl hin mit.

Der König trug den Priestern vor, was ihn bedrückte: Dem Schandgerede bei Hofe mußte ein Ende gemacht werden, so oder so. Die Kirchenfürsten berieten lange. Schließlich faßten sie den Beschluß, die Königin einem Gottesurteil zu unterwerfen. Ein glühendes Eisen sollte in ihre Hand gegeben werden. Hielt sie es, ohne daß ihre Hand verbrannte, war das das Zeichen, daß sie die Wahrheit sprach.

»Seid Ihr bereit, das glühende Eisen zu nehmen?« fragte einer der Bischöfe die Königin.

»Jederzeit«, sagte Isolde, ohne sich ihre Angst anmerken zu lassen.

Sechs Wochen später sollte in der Stadt Caerlon das Gottesgericht tagen. Diese Zeit verbrachte Isolde mit Fasten und Gebet. All ihren Kummer vertraute sie Gott an und hoffte darauf, daß der Barmherzige wahrhaft Liebenden beisteht.

Aber auch einen Brief schrieb sie in dieser Zeit. Der war an Tristan gerichtet und enthielt die Bitte, er möge als Pilger verkleidet nach Caerlon kommen. Und Tristan kam, mit entstelltem Gesicht, im ärmlichen Pilgergewand, so daß ihn niemand außer Isolde erkannte.

Als das Königspaar in Caerlon landete, stand Tristan, der Pilger, am

Ufer. Den Ritter, der die Königin durch das Wasser an Land tragen sollte, wies Isolde ab. »Vor dem Gottesgericht darf nur ein frommer Mann mich berühren«, sagte sie. »Bittet diesen armen Pilger darum, falls er die Kraft dazu hat, mich zu tragen.«

Der Pilger Tristan watete zum Schiff, nahm die Königin seines Herzens in die Arme und trug sie an Land.

»Stürze am Ufer mit mir zusammen auf die Erde«, raunte Isolde ihm zu.

Das tat er, und zwar so, daß er Arm in Arm mit der Königin auf der Erde lag. Da rannte das Gefolge herzu und wollte den Pilger seiner Ungeschicklichkeit wegen prügeln. Aber die Königin schützte ihn. »Der fromme Mann kann nichts dafür, er ist krank und schwach.«

Im Münster hatten sich viele Ritter, Barone, Geistliche und eine große Volksmenge versammelt. Bischöfe und Prälaten lasen die Messe und erflehten den Segen Gottes für ein gerechtes Urteil. Isoldes letzte Gebete waren von tiefer Innigkeit. Sie trug auf bloßem Leib ein hartes Hemd, darüber ein Gewand von grober Wolle, das nicht ganz bis zu den Knöcheln reichte. Arme und Füße waren bloß.

Das Eisen lag in der Glut. Isolde trat vor und sprach ihren Eid: »Ich schwöre: Nie hat neben meinem Gemahl ein anderer Mann mich umarmt, außer dem armen Pilger vorhin, der mich vom Schiff trug. Das ist bei Gott und allen Heiligen die reine Wahrheit.«

»Nun nehmt das Eisen«, sprach der König.

»Amen«, sagte Isolde und nahm das glühende Eisen aus dem Feuer. Und hielt es lange in der Hand. Im Münster herrschte atemlose Stille.

Als sie das Eisen niederlegte und die Hand hob, sahen alle: Sie war ohne Brandmale. Gott hatte den Liebenden geholfen. Nun mußten alle Neider und Gerüchtemacher schweigen. Die Königin war wieder hochgeehrt.

24
Die Liebesgrotte

Zwar war König Markes Verdacht durch das Gottesurteil zerstreut worden, aber er war nicht tot. Er erwachte immer wieder, wenn er die beiden Liebenden beieinander sah und bemerkte, wie liebevoll die Blicke waren, die sie sich zuwarfen. Sie konnten so vorsichtig sein, wie sie wollten, der eifersüchtige Gemahl erkannte doch, wie stets die beiden einander suchten, wie ihre Augen und Gebärden anders sprachen als ihre Worte, die er hörte. Das quälte ihn so sehr, daß er nach einiger Zeit in einen Zustand geriet, der dem Irrsinn ähnlich war. Daß die geliebte Frau einen anderen mehr liebte als ihn, machte ihn rasend und tötete Verstand und Maß.

Nach einer schlaflosen Nacht voller Angst und Qual ließ er die beiden zu sich kommen, als er bei seiner Hofgesellschaft saß, und sprach so laut, daß alle es hörten:

»Isolde von Irland, das ganze Land weiß seit langem, daß Ihr betrügerischen Umgang mit meinem Neffen Tristan habt. Ich bin nicht gewillt, diese Schande länger zu ertragen. Aber auch töten will ich Euch nicht. Ihr beide seid euch lieber, als ich euch bin. Also verlaßt

mich, diesen Hof, dieses Land. Faßt eure Hände und geht. Dann könnt ihr tun und lassen, was ihr wollt.«

Isolde und Tristan traf diese Verbannung ganz unvermutet. Aber sie trugen es mit Fassung. Sie verbeugten sich vor dem König und gingen Hand in Hand aus der Halle.

Kurze Zeit später ritten sie davon. Kurvenal begleitete sie. Die anderen Männer seines Gefolges hatte Tristan verabschiedet und nach Parmenien zurückgeschickt. Seine Harfe, sein Schwert, seine Armbrust und sein Horn nahm Tristan mit. Bitter war der Abschied von Brangäne. Die blieb in Tintajol zurück, um ihnen möglicherweise Nachrichten zukommen lassen zu können.

Zwei Tage ritten die drei durch die Wildnis dem Gebirge zu. Dort kannte Tristan eine Höhle, die in grauer Vorzeit die Riesen in den Fels gehauen hatten als Stätte ihres heidnischen Liebeskults. Die machten die Liebenden zu ihrer Wohnung. Kurvenal sandten sie zurück nach Tintajol. Dort sollte er berichten, Tristan und die goldhaarige Isolde seien nach Irland gefahren, um ihre Unschuld zu beteuern. Er sollte an Markes Hof sich niederlassen und alle zwanzig Tage den Liebenden berichten, was der König plante. Ob er einen Anschlag auf ihr Leben vorhatte oder zur Versöhnung neigte.

Tristan und Isolde aber lebten in der Liebesgrotte nur für ihre Liebe, die so groß war, daß sie von ihr allein auch leben konnten. Sie brauchten keine andere Nahrung. Liebe pflügte für sie das Feld, und Liebe säte für sie. Mit allen Sinnen ernteten sie voneinander, was sie zum Leben brauchten.

Auch fühlten sie sich nie einsam. Eins und eins macht eine gerade Zahl. Jeder dritte hätte sie ungerade gemacht. Die Gesellschaft zu zweit war für sie so groß wie für König Artus die ganze Tafelrunde. Für keine Reichtümer der Welt hätten sie ihren Reichtum eingetauscht. Ihr Hof war prächtiger als jeder sonst. Zur Hofgesellschaft gehörten die Linden und die Quellen, der Bach, das Gras, die Blumen, die Sonne und der Schatten. Nachtigall, Drossel, Amsel, Zeisig und

Lerche waren die Musikanten. Wann immer sie wollten, feierten sie das größte Fest von allen, das Fest der Liebe.

Die Höhle war geschaffen dafür. Rund war sie, weit, hoch aufstrebend, schneeweiß und glatt. So soll die Liebe sein, ohne Winkel und Kanten, groß und voll Vertrauen. Gute Taten sollen sie krönen, so wie der Schlußstein des Gewölbes die Höhlendecke krönte, besetzt mit den Edelsteinen aufrechter Gesinnung. Von glänzendem Marmor war der Fußboden, grasgrün, als Zeichen der Treue und Beständigkeit. Das Bett, das in der Mitte stand, war aus Kristall geschnitten; denn kristallklar sollen die Gefühle sein, die Liebende füreinander hegen, durchsichtig und ohne jeden Rückhalt. Daß die Tür von Eisen war, bedeutete, daß niemand mit Gewalt die Liebe sich erobern kann. Die Schlösser waren innen angebracht, weil nur von innen sich der eine dem andern erschließt. Die Klinke außen war verborgen, damit die Falschheit sie nicht findet. Ihr Licht erhielt die Höhle durch drei Fenster oben im Gewölbe. Das waren Ehrlichkeit, Selbstlosigkeit und Höflichkeit, durch die die Liebe ihren süßen Schein erhält. Auch daß die Grotte in der Wildnis lag, war von Bedeutung; denn nur wer Mühseligkeit ohne Weg und Steg nicht scheut, erreicht das Glück, das sie gewährt.

Isolde und Tristan hatten es erreicht und genossen es sehr. Tag und Nacht waren sie ungestört beisammen. Im Morgengrauen gingen sie über die taubeperlte Wiese, die unterhalb der Höhle lag, saßen an der Quelle und lauschten dem Gesang der Vögel. Stieg die Sonne höher, gab der Schatten der Linden ihnen Erquickung. Nie ging ihnen der Gesprächsstoff aus, nie verloren sie die Lust am Musizieren. Mal schlug er die Harfe und sie sang dazu, mal begleitete er mit seiner Stimme ihr Saitenspiel. Süß und sehnsuchtsvoll schallten die Melodien über das Tal. Noch nie zuvor hatte die Liebesgrotte ihren Namen so sehr verdient.

25
Entdeckung und Heimkehr

König Marke trauerte sehr um Isolde. Sein Leben schien ihm nichts mehr wert, seitdem sie es nicht mehr mit ihm teilte. Sein hoher Rang und sein Reichtum wurden ihm gleichgültig. Er bereute es sehr, sie weggeschickt zu haben.

Um sich auf andere Gedanken zu bringen, ging er zur Jagd. Die Hunde störten einen weißen Hirsch auf, der eine Mähne wie ein Pferd hatte. Die Jäger folgten ihm. Er flüchtete in die Gegend, in der die Liebesgrotte war. Am Abend mußte die Verfolgung ergebnislos abgebrochen werden. Die Jagdgesellschaft schlug ihr Lager auf.

Am frühen Morgen brach der Jägermeister auf. Er hatte den besten Spürhund am Leitseil und setzte ihn auf die Fährte des Hirschs. Die führte über Berge und durch Wälder bis auf die sonnige Wiese, über der die Liebesgrotte lag.

Isolde und Tristan waren schon im Morgengrauen zur Quelle gegangen. Ihre Spuren waren deutlich im taunassen Gras zu sehen. Der Jägermeister hielt sie für die des Hirsches und folgte ihnen bis zur Tür der Höhle. Sie war verschlossen. Die verborgene Klinke fand er

nicht. Er ging um den Felsen herum, erstieg ihn auch und fand so eines der Fensterchen, die der Grotte Licht gaben. Er schaute hindurch und lief dann schnell zur Jagdgesellschaft zurück.
»Ein Erlebnis besonderer Art hatte ich eben, Herr«, meldete er dem König. »Ich fand eine Felsengrotte und sah einen Mann und eine Frau darin ruhen. Die Frau war von solcher Schönheit, daß man sie für eine Fee oder Göttin halten muß.«
»Weise mir den Weg«, sagte der König.
Isolde und Tristan hatten am Tag zuvor schon Hundegebell und Hörnerklang gehört. So waren sie darauf vorbereitet, entdeckt zu werden. Nachdem sie am Morgen ihren Spaziergang zur Quelle gemacht hatten, legten sie sich angekleidet wieder zum Schlafe nieder, aber nicht, wie Liebende es tun, in inniger Umarmung, sondern voneinander abgewandt. Und zwischen sich und die Geliebte legte Tristan sein blankes Schwert.
So sah König Marke die beiden, als er, vom Jägermeister geleitet, sich über das Fensterchen beugte, und sein Herz erstarrte vor Kummer und Freude. Kummer bereitete ihm der Gedanke, daß erneut Betrug hier im Spiele sein könnte. Freude aber brachte ihm das Schwert zwischen den beiden, das zu bedeuten schien: wohl ruhen sie auf einem Bett, aber nicht in Liebe vereinigt.
Doch die Freude siegte in seinem Herzen ganz und gar, als er Isoldes Schönheit sah. Ihr helles Haar, ihr liebliches Gesicht, ihr vollkommener Körper erschienen ihm süßer und verlockender als je zuvor. Vom Anblick ihrer Brust, ihres Halses und ihrer bloßen Arme konnte er sich kaum losreißen. Seine Sinne strebten zu ihr hin, und er hoffte nun wieder auch ihre Liebe zu erringen.
Da er glaubte, daß der Sonnenstrahl, der auf ihr Antlitz fiel, sie im Schlafe stören würde, bedeckte er das Fensterchen mit Laub und Gras. Dann segnete er still die Frau und ging weinend davon. Jagen mochte er nun nicht mehr, und damit kein anderer die Höhle fände, befahl er allen, nach Tintajol zurückzukehren.

Dort berief er gleich die Ratsversammlung der Barone ein und berichtete von seiner Entdeckung. Da seiner Erzählung deutlich anzumerken war, daß er die Königin gern wieder bei sich gehabt hätte, machten die Barone seinen Wunsch zu ihrer Meinung und rieten ihm, Kurvenal als Sendboten zu benutzen. Er sollte zu der Höhle reiten und den beiden ausrichten, der König glaube nicht mehr, daß sie sich gegen ihn vergangen hätten, er würde sie in Ehren wieder aufnehmen.

Das tat Kurvenal. Isolde und Tristan hörten mit Freude, daß ihre Ehre wiederhergestellt war. Nur aus diesem Grunde kehrten sie zurück und lebten wieder wie vorher. König Marke achtete und ehrte sie, aber er war, wie nie zuvor, auf der Hut. Erneut begann eine Zeit gefährlicher Heimlichkeiten. Das ungestörte Glück der Liebesgrotte kam für die Liebenden nie wieder. Immer dachten sie voller Sehnsucht daran zurück.

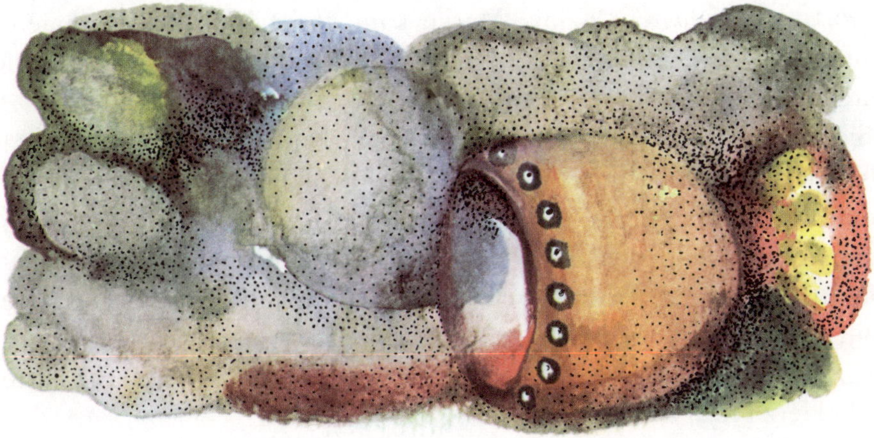

26
Abschied

Liebe macht blind, sagt ein Sprichwort, und genau das traf auf Marke zu. Er hätte sehen können, daß Isolde nicht ihn, sondern Tristan liebte, aber er wollte es nicht sehen. Weil seine Begierde noch ihrem Körper verlangte, begnügte er sich mit dem und verschloß die Augen vor der Wahrheit, daß Isoldes Seele ganz mit der Tristans verschmolzen war.

Daß er eifersüchtig über sie wachte, verschlimmerte ihren Zustand nur. Ihre Gleichgültigkeit ihm gegenüber wurde zu Haß. Seine Verbote stärkten in ihr nur das Verlangen, sie zu durchbrechen. Nie zuvor war ihre Sehnsucht, bei Tristan zu liegen, so stark gewesen als in der Zeit, in der Marke es durch Überwachung unmöglich machte. Schließlich wurde es so schlimm mit ihr, daß sie alle Vorsicht vergaß.

An einem Mittag im Sommer plagten die Hitze und das Verlangen nach Tristan sie so sehr, daß sie ein Bett im schattigen Garten richten ließ und sich dort niederlegte. Brangäne mußte Tristan holen. Der kam und legte sich zu ihr. Brangäne ging und schloß die Türen, die zum Garten führten. Sie stellte Kämmerer davor und befahl ihnen, niemand einzulassen. König Marke kam vorbei, sah die Kämmerer vor den Türen stehen, wurde argwöhnisch und fragte: »Wo ist die Königin?«

»Sie schläft, Herr!«

»Wo schläft sie?«

»Im Garten, Herr!«

Der König schob den Kämmerer beiseite, öffnete die Tür und sah bald das, was er nie hatte sehen wollen. Seine Frau und sein Neffe lagen engumschlungen, Wange an Wange, Brust an Brust, und schliefen. Jetzt hatte er den Beweis, nach dem er so lange gesucht hatte. Sein Herz brach fast vor Qual.

Schweigend ging er hinweg und versammelte einige Barone um sich. »Kommt, ihr Herren, als Zeugen! Glaubwürdig ist mir versichert worden, daß Tristan und die Königin in Liebe beieinander liegen. Finden wir sie so, muß Tristan sterben, wie es das Landrecht vorsieht.«

Tristan aber war erwacht, als Marke fortging. Sofort weckte er Isolde. »Wir sind verraten, Herzenskönigin! Marke war gerade hier. Das ist mein Tod, wenn ich nicht fliehe. Wir müssen Abschied nehmen für immer. Behaltet mich in Euerm Herzen, vergeßt mich nie. Küßt mich noch einmal, süße Isolde, und laßt mich gehen.«

»Ja, schnell, flieht, Herr, nach diesem Kuß. Wir werden nie erfahren, was das ist: einander vergessen. Nehmt diesen Fingerring. Er soll Euch immer an mich erinnern, wenn eine andere Frau an meine Stelle treten will. Denn Euer Leib bin ich, Ihr seid der meine. Tristan und Isolde sind nur eine Person. Drum achtet, wohin Ihr auch flieht, auf Euer Leben. Euer Tod wird auch der meine sein.«

Kaum war Tristan entflohen, kam der König mit seinen Begleitern. Mit klopfendem Herzen lag Isolde allein und stellte sich schlafend.

»Herr«, sagten die Barone zu dem verstörten König, als sie den Garten wieder verlassen hatten, »Ihr solltet Eurer Frau und Eurem eignen Ansehn nicht immer wieder durch törichte Eifersucht schaden. Ihr wollt Rache, aber es gibt keinen Grund dafür.«

Kurze Zeit danach war Tristan, von Kurvenal begleitet, schon auf dem Meer. Isolde sah vom Schloß aus das Segel langsam verschwinden. O weh, Tristan, mein Herr, sprach sie in ihrem Herzen, Ihr flieht, um Euer Leben zu retten, und laßt doch Euer Leben hier. Meins aber ist mit Euch den Wellen ausgeliefert. Zerrissen sind wir beide, beide dort zu Schiff und beide hier bei Marke, doch hilft kein Klagen, Freund, es muß ja sein. Besser Trennung als den Tod erleiden.
Sie wurde krank vor Sehnsucht. Der Glanz ihrer Augen trübte sich von Tränen. Ihr Gesicht wurde bleich. Kaum sprach sie noch. Ihr Leben wurde leer und sinnlos. Doch brach ihr Herz nicht, da sie Tristan am Leben wußte.

27
Isolde Weißhand

In Abenteuern versuchte Tristan die Qual der Trennung zu vergessen. Er floh den Tod bei Marke und suchte die Nähe des Todes im Kampf. Aber es half ihm nichts. Überallhin verfolgten ihn die Schmerzen um Isolde.

Erst fuhr er in die Normandie, dann ritt er in die Champagne, von dort nach den deutschen Landen. Unter den Fahnen des Kaisers erntete er großen Ruhm. Doch hielt es ihn nicht lange dort. Bald war er in Parmenien, seiner Heimat. Von Rual, seinem Pflegevater, fand er nur noch das Grab. Auch Frau Floreate war gestorben. Ruals Söhne empfingen ihn mit großen Ehren. Sie baten ihn, die Herrschaft wieder anzutreten. Doch er fand keine Ruhe. Er suchte Vergessen in Rittertaten. Als er hörte, in Arundel sei Krieg, brach er sofort mit Kurvenal auf, um dort zu kämpfen. Im Schloß Karke fand er den Herzog und die Herzogin und ihre beiden Kinder, Kaedin, den tüchtigen Sohn, und Isolde Weißhand, die schöne Tochter. Sie empfingen den berühmten Helden mit Freuden. Denn sie waren in großer Bedrängnis. Feinde hatten das Land verheert und zum großen Teil besetzt. Der Herzog

war zu Land und auf dem Meer geschlagen worden. Er konnte nur noch einige Burgen verteidigen.
Tristan schickte Boten nach Parmenien und ließ Ruals Söhnen sagen, er brauche eine Schar von Rittern. Sie schickten ihm fünfhundert. Die ließ er heimlich nach Arundel führen und versteckte sie in Karke und in anderen Burgen. Dann zog er mit einer kleinen Schar ins Land der Feinde und verwüstete die Ortschaften. So zwang er seine Gegner zur Schlacht. Sie fühlten sich in der Übermacht und waren des Sieges sicher. Da brachen die parmenischen Ritter aus dem Hinterhalt hervor und trieben sie in die Flucht. Die feindlichen Herzöge wurden gefangen. Auf ihre Versicherung hin, nie mehr Arundel anzugreifen, ließ Tristan sie frei. Die Parmenier schickte er mit Dank nach Hause. Er blieb hochgeehrt in Karke. Nicht nur Kaedins wegen, der sein Freund geworden war. Auch die weißhändige Isolde hielt ihn dort.
Als er die schöne Herzogstochter zum erstenmal erblickt hatte, war sein Schmerz um die Königin wieder stark geworden. Doch er liebte diesen Schmerz. Trauer um die Geliebte war seinem Herzen süßer als jede Freude. Deshalb floh er den Anblick der Isolde von Arundel nicht, sondern er suchte ihn. Wenn er sie sah, wurde ihm wohl und wehe zugleich. Gütiger Gott, sagte er oft zu sich selbst, in welche Verwirrung stürzt mich diese Gleichheit der Namen. Wenn jemand in Arundel Isolde nennt, ist mir, als sei ich in Tintajol. Der weißhändigen Isolde bin ich mal böse, weil sie nicht die blonde ist, mal dankbar, weil sie mich an diese erinnert. Ist es nicht eine besondere Art von Treue zu der fernen Geliebten, wenn ich die nahe liebe, die ihren Namen trägt?
Sein Rittertum war ihm gleichgültig geworden. Er liebte nur noch die Liebe oder den Traum davon. Und da er den in Gegenwart des Mädchens Isolde am schönsten träumte, war er oft bei ihr, sprach mit ihr und sah sie innig an, so daß sie denken mußte, er sei in sie verliebt. Sie aber liebte ihn schon vom ersten Tage an.

Als der Herzog, die Herzogin und Kaedin die Neigung der beiden zueinander merkten, freuten sie sich sehr. Nichts konnte das kleine Land vor erneuten Überfällen besser schützen als Tristans Bindung an den Hof von Karke. Das ermunterte das Mädchen, dem Manne immer offener seine Liebe zu zeigen. Tristans wundem Herzen tat das wohl, und eines Abends gestand er ihr seine Liebe.
Am nächsten Tag jedoch bereute er es wieder. Er spürte deutlich, daß in seinem Herzen kein Platz war für eine zweite Isolde, daß er in dieser nur die erste liebte, die von Irland. Da er aber der von Arundel keine Qualen bereiten wollte, war er weiterhin liebevoll zu ihr. Er saß viel bei ihr, erzählte ihr Geschichten, sang, dichtete oder las ihr vor. Besonders gern aber spielte er auf der Harfe Rondeaus und Lieder, auch solche, die er selbst komponierte. Alle aber ließ er mit dem Refrain enden:

Isolde, meine Freude, Isolde, meine Not,
du bist für mich das Leben, du bist für mich der Tod.

Alle dachten, er meinte Isolde Weißhand damit, und freuten sich darüber, am meisten sie selbst. Oft überwand sie dann ihre Schüchternheit und legte vor aller Augen ihre Hand in die seine. Da wurde es ihm dann wieder schwer, der blonden Isolde in seinem Herzen die Treue zu halten, und er seufzte vor Kummer, und Isolde Weißhand glaubte, das Seufzen gelte ihr, und seufzte auch vor Liebessehnsucht. So trugen beide Leid, und war es auch unterschiedliches, so verband es sie doch. Ihre Anteilnahme an seinem Kummer rührte ihn, und er versuchte, sie ihr mit größerer Liebenswürdigkeit zu entgelten. Und während er sich als ein Verliebter ausgab, wurde er zeitweilig wirklich einer. Die Liebe der nahen Isolde wirkte dann stärker auf ihn als die der fernen. Zweifel befielen ihn, ob die Isolde in Tintajol ihn überhaupt noch so liebte wie früher. Tags darauf aber war der Zweifel wieder verschwunden, und er konnte nicht anders, als an Isolde von

Irland denken und Isolde von Arundel fliehen. Und wenn er dann sang:

Isolde, meine Freude, Isolde, meine Not,
du bist für mich das Leben, du bist für mich der Tod,
dann weinte er, und Isolde Weißhand weinte auch.

28
Heirat

So brachte die Liebe zu den zwei Isolden Tristan gänzlich in Verwirrung. Nie konnte die weißhändige, die bei ihm war, die blonde in der Ferne ganz aus seinen Gedanken verdrängen. Oft dachte er, daß er nie eine andere als die seit langem geliebte lieben könne. Dann wieder wurde ihm das Unrecht, das darin lag, König Marke zu betrügen, zur Qual, und er wünschte sich, die andere, die frei war, so recht von Herzen lieben zu können. Manchmal redete er sich auch ein, Isolde von Irland hätte ihn vergessen und lebte froh und friedlich mit ihrem Mann, während er sein Leben in törichtem Herzeleid verbrachte.
Als er wieder einmal in dieser Stimmung war und wähnte, seine Liebe zur blonden Isolde sei gestorben, sagte er zum Freund Kaedin: »Bester Gefährte, meine Liebe gehört deiner Schwester Isolde. Ich wünsche sie mir zur Frau, wenn auch sie es wünscht.«
»Du willst bei uns bleiben?« rief Kaedin erfreut.
»Ja, wenn deine Eltern und deine Schwester einverstanden sind.«
Da lief Kaedin sofort zu den Seinen, um ihnen die freudige Nachricht zu bringen. Er fand sie alle drei beieinander.

»Wenn Tristan bei uns ist«, sagte Kaedins Mutter, die Herzogin, »sind wir allezeit sicher vor Feinden. Holt ihn sofort her, mein Sohn. Wir wollen nicht zögern mit der Trauung. Und du, Isolde, sei freundlich zu ihm.«

»Nichts tue ich lieber als das«, sagte die Tochter.

Kaedin eilte, Tristan zu holen. Vor dem Herzog und der Herzogin erneuerte dieser seine Bitte.

»Schwört Ihr, bis zu Eurem Tode bei uns in Arundel zu bleiben?« fragte die Herzogin.

»Ich schwöre es«, antwortete Tristan.

Kurz darauf, zum Pfingstfest, wurde die Hochzeit mit Pracht gefeiert. Der Bischof steckte den Brautleuten die Ringe an die Finger und segnete sie. Dann stiegen die beiden ins Brautbett.

Beide hatten sich nacheinander gesehnt. Beider Körper erwarteten die Freuden der Liebe. Isolde war bereit, ihm ihre Jungfräulichkeit zu geben, und Tristan war bereit, sie ihr zu nehmen. Aber als er bei ihr lag und seinen Körper an ihren schmiegte, fiel sein Blick auf den Ring, den ihm in Tintajol die andere Isolde gegeben hatte. Da versiegte sein Verlangen nach dieser, und er lag wie tot. Reglos lag sein Leib bei der Isolde von Arundel, seiner angetrauten Frau, seine Seele aber weilte bei der Isolde von Irland.

O weh, blonde Isolde, dachte Tristan, mein Herz gehört dir allein. Daß ich treulos war und die andere Isolde nahm, die mir fremd ist, muß ich nun bitter büßen.

O weh, geliebter Tristan, dachte Isolde Weißhand indessen, was machst du mit mir, indem du nichts machst? Nun bin ich Frau und doch nicht Frau. Du bist mein Mann und zeigst dich nicht als solcher. Wenn du die andere Isolde früher auch so behandelt hast, tut sie mir leid. Wenn du ihr aber die Freuden bereitet hast, die du mir versagst, dann werde ich dich bald nicht mehr lieben, sondern hassen.

So dachten beide, schwiegen aber, bis der Morgen kam und die Herzogin an die Tür klopfte. Die Frauen brachten Festkleider, und sie

legten Isolde den Kopfschmuck an, den nur Ehefrauen tragen dürfen. So gingen die beiden unter die Leute wie Mann und Frau, und alle dachten, daß geschehen wäre, was nicht geschehen war.
Isolde Weißhand trug ihr Leid so tapfer, daß niemand davon etwas merkte. Am Tage gaben die beiden sich wie Verliebte, des Nachts aber lagen sie fremd beieinander, er stumm, sie weinend. Und immer noch war die Frau Mädchen.
Als aber Isoldes Qual zu mächtig wurde, brachte sie es eines Nachts über sich, ihn zu fragen: »Herr Tristan, warum tut Ihr nicht mit mir, was Männer mit ihren Frauen tun sollen?«
»Es ist ein Schwur, der mich bindet, o Herrin«, log Tristan. »Ein Jahr lang, so habe ich Gott gelobt, will ich die Frau, wenn ich je heirate, unberührt lassen. Ist dieses Jahr vorbei, befreie ich Euch von Eurem Kummer.«
Sicher ist es die blonde Isolde, die zwischen uns steht, dachte Isolde Weißhand traurig. Doch sie sagte: »So werd ich schweigend in mein Geschick mich fügen, Herr, bis das Jahr um ist.«

29

Urlaub von Arundel

Ein Jagdausflug führte eines Tages den Herzog mit seinen Damen und Rittern in den Wald. Auf einem schmalen Weg mußten sie hintereinander reiten. Isolde ritt, in kummervolle Gedanken vertieft, vor ihrem Bruder. Da trat ihr Pferd in eine Pfütze, so daß das Wasser aufspritzte. Es spritzte unter ihren Rock bis in ihren Schoß. Da lachte die unberührte Gemahlin bitter und sagte zu sich selbst: »Das Wasser ist kühner als mein Mann. Der hat sich noch nie dorthin gewagt.«

Das hörte Kaedin. Er trieb sein Pferd neben sie und fragte: »Was redest du da, Schwester?«

»Nichts, Bruder!«

»Ich habe deine Klage wohl gehört. Ist es wahr, daß Tristan dir dein Recht als Frau verweigert?«

»Noch bin ich Jungfrau«, sagte Isolde nach einigem Zögern.

»Welche Schmach für uns!« rief Kaedin voll Zorn. »Das wird ihm das Leben kosten.«

Er ritt an die Spitze des Zuges, wo der Herzog und die Herzogin sich

befanden, und berichtete ihnen von der Beleidigung, die Tristan der Familie antat.
»Mäßige dich, mein Sohn«, riet der Herzog. »Ein toter Tristan nützt uns nicht. Du warst bisher sein Freund. Frag ihn freundschaftlich, ob es sich so verhält, wie unsere Tochter sagt, und was er für Gründe hat. Erst dann denke daran, ihn zu strafen.«
Sofort wendete Kaedin sein Pferd und ritt an Tristans Seite.
»Stimmt es, daß du meine Schwester unberührt an deiner Seite liegen läßt?«
»Es stimmt«, sagte Tristan.
»Das ist dein Tod!«
»Ich fürchte ihn nicht«, erwiderte Tristan. »Das Leben ist mir sowieso verhaßt, seitdem ich deiner unschuldigen Schwester Schmerz zufügen muß, ohne es zu wollen. Als ich sie heiratete, bildete ich mir ein, daß mein Herz für sie frei sei. Es ist es nicht. Es gehört der blonden Isolde, der Königin von Irland. Sie ist die Schönheit selbst. Wenn du sie sehen würdest, Freund, du würdest mich verstehen.«
»Sie soll schöner sein als meine süße Schwester?«
»Weit schöner, Kaedin! Sie ist der Maienglanz der Welt. Sieh sie dir an, und du wirst mir meine Schuld vergeben.«
»Wir reisen hin!« sagte Kaedin, schon halb versöhnt. »Doch wenn jene Isolde nicht schöner ist als meine Schwester Isolde, mußt du sterben.«
»So sei es!« sagte Tristan.
Gemeinsam traten sie vor den Herzog, für den auf grüner Waldwiese ein Zelt errichtet worden war. »Tristan und mir, Vater, sollt Ihr Urlaub geben«, sprach Kaedin. »Für die Schmach, die er uns antat, liegt sein Leben nun in meiner Hand. Ist die Königin von Cornwall, die seine Seele und seinen Leib noch immer beherrscht, nicht schöner und seiner noch würdiger als meine Schwester, so muß er sterben.«
»Schwört Ihr, Tristan, daß Ihr zurückkommt in mein Land?« fragte der Herzog.
»Ich schwöre es bei meinem Ritterruhm.«

»In welcher Frist?«
»In zwölf Wochen sind wir beide wieder hier.«
»So fahrt mit Gott! Laßt Euch an meinem Hof mit Pferden und mit Kleidern gut versorgen und nehmt Euch zwanzig Ritter mit.«
Isolde, Tristans angetraute Frau, stand dabei und weinte sehr, weil er sie nun verließ um einer andern willen. Er küßte sie, bat um Vergebung und ritt mit Kaedin und Kurvenal davon. Sie sah ihm nach und wußte genau, daß sie, trotz aller Qual, nie einen anderen Mann so würde lieben können.

30
Erneuerte Liebe

Tristan, Kaedin und die Ritter erreichten rasch das Meer. Bald hatte Kurvenal ein Schiff gefunden, das alle gut nach Cornwall brachte. Sie landeten in Litan, wo Tinas wohnte, der Seneschall des Königs Marke. Der Schiffer wurde gut entlohnt. Zum Dank versprach er, auf die Rückkunft seiner Fahrgäste zu warten.

Tinas liebte Tristan sehr. »Seid tausendmal willkommen«, rief er, als er die Gäste empfing. »Wie wird die Königin sich freuen!«

»Ihr sollt mir, Tinas, ein geheimer Bote sein«, sagte Tristan. »Mein Leben habe ich verpfändet an Kaedin, diesen Mann an meiner Seite. Er muß Isolde in all ihrer Schönheit sehen. Nur dann brauche ich nicht zu sterben. Nimm diesen Ring, Tinas, und bring ihn der Königin und sage, morgen früh wollen wir im Dornwald an der Grenze uns verstecken. Dorthin soll sie kommen, damit wir sie sehen.«

Tinas streifte sich den Goldring an den Finger und ritt nach Tintajol. Den König und die Königin fand er beim Schachspiel. Er setzte sich dazu. Isolde sah den Ring an seinem Finger und stand schnell auf. Sie wolle gern allein sein, sagte sie dem König. Bald darauf ließ sie nach

Tinas schicken. Sie empfing ihn allein in ihrer Kemenate.
»Ist Tristan hier?«
»In meinem Haus in Litan. Er ist in Gefahr. Der Mann, der bei ihm ist, wird ihn töten, wenn er Euch, Königin, nicht schöner findet als alle anderen Frauen der Welt. Kommt morgen früh bei Tagesanbruch in den Grenzforst. Sein Leben liegt in Eurer Hand.«
Isolde zögerte nicht lange. Sie ging zum König, umfing ihn liebevoll und bat ihn, am nächsten Tage zeitig mit ihr auf die Jagd zu gehen. »Im Dornwald an der Grenze waren wir schon lange Zeit nicht mehr, mein Herr.«
Dem König war es recht. Er ließ die Jäger bestellen. Am nächsten Morgen brach er mit der Königin und allen seinen Leuten zeitig auf.
Tristan und Kaedin lagen im Dornwald verborgen. Kaum brach der Morgen an, kamen die Jäger mit ihren Hunden an ihnen vorbei, dann der König mit seinem Gefolge, die Köche dann und dann die Priester, schließlich auch die Damen des Hofs, von Rittern begleitet. Dann aber kam die Königin. Brangäne und Ritter Antret, ein Vetter der Königin, waren an ihrer Seite.
Da rief Kaedin: »Es wird zum zweiten Male Tag, Tristan! Mir scheint, es gibt zwei Sonnen auf der Welt. Gott hilf, daß ich den hellen Glanz ertrage. Seit Evas Zeiten gab es keine, die so schön war wie deine Königin, glücklicher Tristan. Alles ist verziehen. Ihre Schönheit rettet dir dein Leben.«
Isolde ritt bis zu dem Busch, in dem die beiden saßen, stieg vom Pferd und setzte sich ins Gras. Antret, ihren Vetter, schickte sie zum König, um ihm zu sagen, sie wolle hier ein wenig rasten. Sie hatte ein Hündchen bei sich. Als Antret weg war, nahm sie es auf den Schoß, streichelte und küßte es und sprach: »Wann endlich kann ich meinen Liebsten so küssen und liebkosen?«
Da stürzte Tristan aus dem Busch hervor in ihre Arme. Sie küßten und umarmten sich, vergaßen Zeit und Not. Brangäne aber, die

Antret zurückkommen sah, rief der Herrin zu, sie solle Tristan wegschicken.

»Tristan, Kraft meines Herzens«, sagte Isolde, »werdet Ihr wieder Leben und Ehre mit mir wagen?«

»Gern, süße Isolde!«

»Dann kommt heute abend in mein Zelt. Ich werde allein sein.«

Tristan stürzte zurück ins Gebüsch. Isolde und Brangäne sahen dem heranreitenden Antret entgegen, als sei nichts geschehen.

»Ich fühle mich krank, Vetter«, sagte die Königin. »Im Namen dessen, den ich am meisten liebe: Helft mir in mein Zelt, wo ich mich niederlegen will.«

Antret ritt mit den Frauen davon. Tristan und Kaedin schlichen durch den Wald zurück, bis sie Kurvenal trafen. Tristan verabredete einen Treffpunkt mit ihm. Am nächsten Morgen sollte er mit den Pferden bei der Tiergartenquelle auf die beiden warten, vorher aber dem Schiffer befehlen, alles zur Abfahrt bereitzumachen.

Am Abend schlichen sie zu Isoldes Zelt. Brangäne sah sie und meldete sie der Königin. »Geht zu ihr«, sagte sie den Männern. »Für den König ist sie krank. Ich habe ihm geraten, sie heute nacht allein zu lassen. Ihr seid ungestört.«

Mit welcher Freude sich da die Liebenden umarmten! Sie preßten ihre Lippen aufeinander und liebkosten sich. Doch vergaß Tristan darüber nicht Kaedin.

»Isolde, süße Herrin«, sagte er. »Begrüße bitte auch meinen Freund. Er ist es wert.«

»Seid willkommen, Gefährte meines Geliebten! Setzt Euch zu meinen Damen, wenn Ihr wollt. Ist eine Euch geneigt, so habe ich nichts dagegen.«

Das tat Kaedin gern. Brangäne gefiel ihm gut, doch besser noch eine jüngere, die Kamele hieß. Die sprach er häufig an und bat sie schließlich, mit ihm das Lager zu teilen. Doch sie schlug ihm das ab. »Ich bin noch unberührt und will es bleiben, bis der Richtige kommt.«

Kaedin ging zu Isolde, die bei Tristan saß, und klagte ihr sein Leid. Die Königin versprach ihm Hilfe, rief Kamele zu sich, ließ ihre Klagen nicht gelten und befahl ihr, sich des Nachts zu diesem Mann zu legen. »Du stehst in meinem Dienst«, sprach sie, »also tue, was ich wünsche.« Doch leise, so daß Kaedin es nicht hören konnte, setzte sie hinzu: »Deine Unberührtheit ist mir so teuer, wie meine Liebe mir zu Tristan ist. Darum nimm dieses Kissen, es hat Zauberkraft. Leg es dem Manne untern Kopf, dann wird er fest und sicher schlafen und dir nichts tun, was du nicht willst.«
Das tat Kamele, und Kaedin schlief sofort und rührte sie die ganze Nacht nicht an.
Isolde und Tristan aber stillten ihre übergroße Liebe. Beide waren stets darauf bedacht, alles zu tun, was dem anderen Freude machte. In süßer Ruhelosigkeit bereiteten sie sich gegenseitig Glück und Seligkeit. Die Nacht war viel zu kurz für sie. Beim Morgengrauen befiel sie große Trauer.
»Wann sehen wir uns wieder, liebster Tristan?«
»Wann Ihr es wünscht, Herrin! Und koste es mein Leben, ich bleibe in der Nähe. Schickt nach mir!«
»Küsse mich noch einmal! Und nun: Gott schütze dich!«
Als Kamele sah, daß die Königin sich erhob, zog sie das Zauberkissen unter Kaedins Kopf hervor. Der Mann erwachte.
»Ich danke für die schöne Nacht«, sagte das Mädchen spöttisch. »Ich suche mir lieber einen anderen Mann, Ihr seid mir zu verschlafen.«
»Verzeiht mir, schönes Fräulein!« Kaedin wurde rot vor Scham. »Über diese Schande werde ich wohl mein ganzes Leben trauern müssen.«

31
Verleumdung

Schon erhoben sich des Königs Männer. Tristan und Kaedin huschten hinweg. Am Tiergartenquell spähten sie vergebens nach Kurvenal und den Pferden. Lange warteten sie und sorgten sich.

In das Jagdlager des Königs sprengte zu dieser Zeit ein Ritter namens Pleherin. Er ritt sofort zu Isoldes Zelt und rief ihr zu: »Tristan ist wieder im Lande, Herrin!«

Isolde erschrak. Sie fürchtete, er sei entdeckt und gefangen. Aber sie sagte leichthin: »Warum erzählt Ihr mir das, Herr Pleherin? Was geht es mich an?«

»Euer Tristan ist ein Feigling geworden, Herrin. Ich forderte ihn zum Kampf, doch er lief weg.«

»Ihr hättet ihm nur meinen Namen zuzurufen brauchen.«

»Das tat ich, Herrin. ‚Im Namen der Königin Isolde, steht!‘ rief ich mehrfach ihm nach. Doch er kroch feige in den Wald.«

»Ihr lügt!«

»Nein, Herrin. Hier der Beweis: Sein Pferd nahm ich ihm ab. Erkennt Ihr sein Sattelzeug?«

»Das täte Tristan nie«, sagte Isolde und ging ins Zelt. Aber sie mußte Pleherin glauben und war voller Zorn auf Tristan, weil er sich aus Feigheit nicht zu ihr zu bekennen wagte. Paranis, den vertrauten Kämmerer, schickte sie Tristan nach. Er sollte ihm sagen, sie zürne ihm sehr und wolle ihn nicht mehr sehen.

Paranis traf die beiden noch am Tiergartenquell, richtete aus, was er zu sagen hatte, und ritt zurück. Tristan war sehr bestürzt. »Wer mich so verleumdet hat, muß sterben«, rief er.

Endlich kam Kurvenal. Er kam zu Fuß. Von ihm erfuhren sie, was sich begeben hatte: Ritter Pleherin war Kurvenal, als er von Litan die Pferde geholt hatte, begegnet. Er hatte ihn für Tristan gehalten und ihn verfolgt. Im Wald war Kurvenal gestürzt. Die Pferde hatten dabei sich losgerissen. Pleherin hatte sie gefangen und der Königin gebracht.

Zu Fuß mußten nun die drei nach Litan gehen. Kaedin wollte gleich nach Arundel zurück. Tristan aber sprach: »Nie werde ich Cornwall verlassen, solange die Königin meines Herzens mir noch zürnt.«

»Ich bleibe bei Euch, Herr«, rief Kurvenal.

Sie verabschiedeten sich von Tinas, gingen aufs Schiff und steuerten es in eine einsame Bucht bei Tintajol. Tristan und Kurvenal verkleideten sich als Knappen und gingen an den Hof. Die Königin saß auf dem Turnierplatz und sah den Jünglingen bei ritterlichen Übungen zu. Obwohl Tristan sein Gesicht mit Hilfe einer Salbe entstellt hatte, erkannte sie ihn sofort an den vertrauten Bewegungen seines Körpers.

»Wo kommt ihr her, ihr fremden Knappen?« fragte sie.

»Aus Arundel«, sagte Tristan.

»Stimmt es, daß es da eine Herrin gibt, die meinen Namen trägt?«

Da Tristans Gesicht rot wurde vor Scham, wußte sie nun genau, wen sie vor sich hatte. »Geliebter Tristan«, flüsterte sie ihm zu, »ich habe Angst um Euch, Herr Pleherin schreit überall herum, daß er Euch sah. Schon sucht man Euch.«

»Nicht ich, Herrin, sondern Kurvenal war es, den Pleherin traf.«

»Ja, ja, das ist vergessen. Ich bange um Euer Leben.«

»Ich kann nicht weg, Herrin, ohne Euch noch einmal umarmt zu haben.«

»Seid vorsichtig! Verkleidet Euch besser.«

»Ich werde als Narr kommen, Herrin.«

32
Der Narr

Einige Zeit darauf kam ein Narr an den Hof zu Tintajol, den noch nie zuvor jemand gesehen hatte. Sein graues Gewand war mit vielen Schellen benäht. Die klimperten bei jeder Bewegung. Mit beiden Händen schwang er eine riesige Keule. Die Kinder liefen ihm nach und belachten seine Albernheiten. Auch der König amüsierte sich sehr, wenn die Narrenkeule diesen und jenen vornehmen Mann seines Gefolges traf.

»Wenn Ihr die Königin seid«, sagte der Narr, als er vor Isolde trat, »so liebe ich Euch von ganzem Herzen. Zu schämen braucht Ihr Euch nicht deshalb, denn erst aus Liebe zu Euch bin ich zum Narren geworden.« Er setzte sich neben sie und starrte sie unverwandt an.

Das gefiel dem König nicht, und er befahl, ihn wegzuführen. Aber jeder, der ihm zu nahe kam, empfing tüchtige Prügel, erst Antret, dann Melot, der Zwerg. Da ließ man ihn in Ruhe. Er setzte sich mit zu Tisch und aß und trank, wie es ihm gefiel. Am Abend legte er sich vor Isoldes Kemenatentür zur Ruhe. Die Königin mußte über ihn hinwegsteigen, als sie schlafen ging. Der König lachte nur darüber.

Brangäne aber, als sie allein den Flur entlangging, sah sich den schlafenden Narren genauer an.
»Ich bin Tristan«, flüsterte der Narr ihr zu. »Öffnet Ihr mir heute nacht die Tür zu Isoldes Schlafgemach?«
»Wartet bis morgen! Der König will für längere Zeit zur Jagd.«
Wirklich ritt am nächsten Morgen schon der König in den Wald. Der Narr trieb sich tagsüber am Hof und in der Stadt umher, des Nachts aber lag er bei seiner Königin.
Das waren für die Liebenden selige Tage, die eines Morgens aber ein plötzliches Ende fanden. Unangemeldet erschien Antret im Schlafgemach der Königin und überraschte die beiden im Bett. Er lief hinaus und schrie: »Der Narr ist Tristan. Er liegt bei der Königin. Laßt ihn nicht entfliehen!«
Aber ehe die Wächter die Tore schließen konnten, war Tristan schon aus dem Schloß hinaus. Die Männer, die sich ihm in den Straßen der Stadt entgegenstellten, trieb er mit der Keule auseinander. Er lief, so schnell er konnte, durch den Wald auf die Meeresbucht zu, in der sein Schiff lag. Jedoch so schnell wie seine berittenen Verfolger konnte er nicht laufen. Schon hörte er Huftritte und Waffengeklirr hinter sich. Da versperrte ein Fluß ihm den Weg. Tristan fand einen Kahn, sprang hinein, stieß ihn ab und ruderte mit der Keule zum anderen Ufer.
Als erster Verfolger hatte der Ritter Pleherin den Fluß erreicht. »Im Namen der Königin, kommt zurück, Tristan, und stellt Euch zum Kampf!« rief er.
Tristan überlegte nicht lange. Ehe er als Feigling in Isoldes Erinnerung blieb, wollte er lieber für sie sterben. Er wendete den Kahn und ruderte zurück. Der Kampf war kurz. Tristan traf Pleherin mit der Keule so, daß dieser tot umfiel. Da sprengte König Marke heran. Aber mit dem wollte Tristan nicht kämpfen. Er floh im Kahn, erreichte gut das andere Ufer und verschwand im Wald.
»Fangt ihn!« schrie Marke zornig seinen Leuten zu. »Isolde und er

müssen sterben.« Doch ehe die Verfolger eine Brücke gefunden hatten, war Tristan schon auf seinem Schiff in Sicherheit.
Vor dem Rat der Barone beantragte der König Isoldes Tod. Aber der Rat stimmte dem nicht zu. Antrets Aussage allein sei kein Beweis, und dem Land sei es schädlich, die Königin hinzurichten.
So blieb Isolde am Leben. Ohne Tristan war ihr das nicht viel wert.

33
Verwundung

Auch Tristans Freund Kaedin liebte eine Frau, die einen anderen hatte heiraten müssen. Sie hieß Kassie, und ihr Mann, Nampotanis mit Namen, war der Herrscher des Landes Gamaroch, das an Arundel grenzte.

Kindheit und Jugend hatten Kaedin und das geliebte Mädchen gemeinsam verbracht, nach Kassies Hochzeit aber hatten sie sich nicht mehr sehen können; denn Nampotanis hielt seine Frau wie eine Gefangene. Nie durfte sie die Burg verlassen. Ritt der Herr zur Jagd, verschloß er die feste Tür und nahm den Schlüssel mit.

Nachdem Tristan, Kaedin, Kurvenal und ihr Gefolge wohlbehalten in Arundel gelandet waren, klagte Kaedin dem Freund sein Herzeleid:

»Du bist so listenreich, Tristan. Weißt du keinen Weg?«

Ausführlich beriet Tristan den Freund. Daraufhin schickte Kaedin einen Späher nach Gamaroch. Der kam bald zurück und meldete, daß Nampotanis mit allen Männern zur Jagd geritten sei. Da schwang Kaedin sich auf sein Pferd und ritt zur Burg seiner Geliebten. Sie sah ihn kommen und stieg auf die Zinne, um ihn mit herzlichen Worten zu begrüßen.

»Tristan hat eine List ersonnen, die uns endlich zusammenführen soll«, sagte Kaedin. »Doch müßt Ihr dabei helfen, süße Gebieterin.«

»Alles, was eine Frau eines Mannes wegen wagen kann, wage ich für Euch, Herr.«

»Dann nehmt heimlich den Schlüssel und drückt ihn in weiches Wachs. Werft, genauso heimlich, das Wachs in den Graben. Ich komme des Nachts und hole es mir.«

So geschah es. Kaedin fand die wächserne Schlüsselform an der bezeichneten Stelle, Tristan trug sie zu einem Schmied, dem er vertraute, und als zwei Tage später der Späher Kassies Mann wieder zur Jagd reiten sah, konnte einige Stunden danach Kaedin mit Hilfe des Nachschlüssels das Burgtor öffnen und die Geliebte umarmen. Während die beiden sich die Freuden der Liebe schenkten, saß Tristan bei den Damen und spielte Schach.

Ein scharfer Wind wehte, als die Freunde die Burg verließen. Kaedin trug einen Kranz im Haar. Den wehte der Wind ihm vom Kopf. Er fiel in den Burggraben. Dort sah ihn der argwöhnische Nampotanis, als er heimkehrte.

»Redet, Herrin«, schrie er Kassie an, »wer war hier?«

Kassie versuchte zu leugnen. Aber als er ihr das Schwert auf die Brust setzte und sie zu ermorden drohte, gestand sie. Mit sieben Rittern jagte Nampotanis den Freunden nach. Bei der Rast an einer Quelle überraschte er sie. Wütend hieb er mit dem Schwert auf Kaedin ein und streckte ihn zu Boden. Aber auch er empfing seine Todeswunde, durch Tristans Schwert. Beim Kampf mit den anderen Rittern blieb Tristan siegreich. Nur eine Speerwunde trug er davon. Aber es war eine tödliche Wunde. Denn der Speer war vergiftet.

Tristans Heimkehr nach Arundel brachte große Trauer über das Land. An Kaedins Grab wurden viele Tränen vergossen. Tristans unheilbare Verwundung erfüllte alle mit Entsetzen. Er allein wußte, daß es noch eine Rettungsmöglichkeit für ihn gab: die heilende Salbe der Königin von Irland. Auch deren Tochter, die blonde Isolde von Cornwall, wußte um deren Geheimnis. So schnell wie möglich mußte sie nach Arundel kommen.

34
Rose und Rebe

Der todkranke Tristan ließ Kurvenal an sein Lager holen und sagte: »Bester Freund, wenn mein Leben Euch lieb ist, eilt nach Tintajol und bittet Isolde, meine geliebte Freundin, zu mir zu kommen. Sie besitzt die Salbe ihrer Mutter, die mich schon einmal vor dem Tode bewahrt hat. Diese Medizin und Isoldes Anwesenheit werden mich gesund machen.«

»Ich nehme das schnellste Schiff, Herr, das ich finden kann«, antwortete Kurvenal.

»Wenn Ihr die Königin bringt, Freund, so hißt auf der Rückfahrt ein weißes Segel. Kehrt Ihr aber ohne sie zurück und also ohne Hoffnung für mich, so zieht ein schwarzes auf.«

Kurvenal eilte sofort zum Hafen, fand ein schnelles Schiff und segelte nach Cornwall. Es war Abend, als er Tintajol erreichte. Er fand Isolde in ihrer Kemenate allein.

»Gott schütze Euch, Herrin«, sagte er. »Ich komme von Tristan. Er liegt im Sterben.«

»Dann sterbe auch ich«, sagte Isolde.

»Nein, Herrin, Ihr und Tristan müßt leben. Es ist Gift in seinem Körper. Mit der bewährten Salbe Eurer Mutter könnt Ihr ihn heilen.«
»Wann fahren wir?«
»Wann immer Ihr befehlt, Herrin!«
»Haltet Euer Schiff bereit, Kurvenal. Wenn es Tag wird, komme ich heimlich an Bord.«
Am Morgen suchte Marke vergeblich nach der Königin. Er ließ das Schloß durchforschen, die Stadt und den Hafen, aber erst am Abend fanden die Späher Leute, die Isolde gesehen hatten, als sie mit Kurvenal das Schiff bestieg. Da ließ er eine Flotte rüsten und jagte der Entflohenen nach. Aber den Vorsprung, den Kurvenals Schiff hatte, konnte er nicht aufholen.
Im Schloß von Karke war die Sorge um Tristan groß. Sein Zustand hatte sich von Tag zu Tag verschlechtert. Er war nicht mehr fähig, sich aufzurichten. Isolde Weißhand saß Tag und Nacht bei ihm. Kaum sprach er noch. Und wenn er mühsam den Mund öffnete, dann nur zu der Frage, ob das Schiff aus Cornwall schon käme. Dann trat seine Frau ans Fenster, sah auf das Meer hinaus und sagte: »Nein, Herr, es ist noch kein Segel zu sehen.«
Sie wußte, wer mit dem Schiff kommen sollte, und zu Kummer und Sorge gesellte sich nun noch brennende Eifersucht. O weh, dachte sie oft, was mir nur zuteil werden kann, ist in jedem Fall Trauer und Schmerz; kommt die Königin nicht, stirbt mir der Mann, kommt sie aber, liegt er in ihren Armen anstatt in meinen, und das ist wohl das Schlimmere für mich.
So ging es Tag um Tag, bis endlich das weiße Segel am Horizont erschien.
»Kommt das Schiff aus Cornwall noch nicht?« fragte Tristan mit schwacher Stimme.
»Ja, Herr, es kommt!«
»Wie ist die Farbe des Segels?«
»Schwarz, Herr, kohlschwarz!« log Isolde von Arundel.

Und damit tötete sie ihn. Das Schwinden jeder Hoffnung nahm ihm die Kraft zum Leben. Er schloß die Augen und öffnete sie nie mehr.
Der edle Tote wurde aufgebahrt und in das Münster gebracht. Alle Kirchen der Stadt läuteten die Totenglocken. Isolde Weißhand saß an der Bahre und weinte, über den Toten und über sich, die Mörderin.
Als die blonde Isolde, die Königin, das Schiff verließ, erfuhr sie was geschehen war. Fast hätte der Schmerz sie zu Boden geworfen. Am Arm Kurvenals erreichte sie mit letzter Kraft das Münster.
»Geht Ihr fort!« sagte sie zu Isolde Weißhand. »Das ist mein Platz.«
Sie warf sich über den Toten. Ihr Herz versteinerte vor Schmerz und zerbrach. Euer Tod wird auch mein Tod sein, hatte sie immer zu Tristan gesagt, und so geschah es.
Als König Marke mit seinen Schiffen Karke erreichte, fand er die Leichen von Frau und Neffen nebeneinander aufgebahrt. Sein Schmerz war groß, und er klagte sehr. Ihren Tod hatte er nicht gewollt.
Er nahm sie mit nach Cornwall und ließ sie nebeneinander begraben. Eine Rebe pflanzte er auf Isoldes Grab, auf Tristans eine Rose.
Rose und Rebe aber verschlangen sich ineinander und wuchsen auf wie nur eine Pflanze: ein Zeichen, daß die Liebe auch mit dem Tode nicht stirbt. Auch die Kunde von der unzerstörbaren Liebe der beiden starb nie. Und Tristans Lied, das er am liebsten sang, wurde noch lange in vielen Ländern von vielen Spielleuten gesungen:

Isolde, meine Freude, Isolde, meine Not,
du bist für mich das Leben, du bist für mich der Tod.

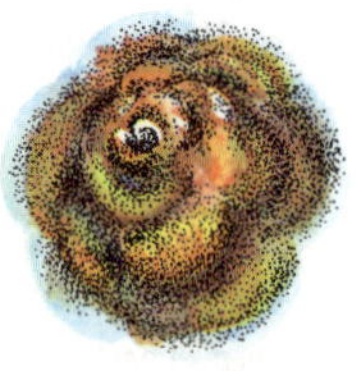

Nachwort

Groß werden Liebesgeschichten immer durch die Hemmnisse, die sich zwischen die Liebenden stellen. Denn nur an Hindernissen kann sich die Stärke des Gefühls beweisen. Schwaches zerbricht schon an Lappalien. Ganz starkes aber bewährt sich auch, wenn die Hindernisse unüberwindbar sind. Dann endet die Geschichte tragisch. Nur die Vereinigung im Tode ergibt ein fragwürdiges Happy-End: Rose und Rebe verflechten sich auf den Gräbern ineinander. Noch im Untergang triumphiert die Liebe. Glücklich werden konnten die Liebenden im Leben nicht, aber sie gaben ein Beispiel.

Geschichten wie die von Tristan und Isolde setzen der Menschlichkeit Maßstäbe. Von ihnen leiten wir die Ansprüche ab, die wir stellen: an uns und an die Gesellschaft, in der wir leben.

Diese Ansprüche stellte auch Gottfried von Straßburg an die Gesellschaft seiner Zeit, als er die aus Irland, Schottland, England und Frankreich stammende, auch damals schon Jahrhunderte alte Geschichte in Versen neu erzählte. Und die Gesellschaft des hohen Mittelalters genügte diesen Ansprüchen nicht. Sie war so beschaffen, daß sie den Lebenden das Glück nicht gewähren konnte. Aber auch außerhalb von ihr, in der Wildnis, konnten sie es nicht finden. Auch unzerstörbare Liebe zerstört die Bindung an Soziales nicht. Man bleibt Teil der Gesellschaft, auch wenn man an ihr leidet.

Erstaunlich ist die Konsequenz, mit der Gottfried die Sache der Liebenden vertritt. Zwar hat er aus der alten Vorlage auch den Zaubertrank übernommen, der nicht nur Gleichnis für Naturgewalt und Unentrinnbarkeit der Liebe ist, sondern den beiden auch ein Alibi liefert, doch betont er immer wieder nachdrücklich seine Meinung, daß wahre Liebe in der Werteordnung ganz oben steht, über allen sozialen Normen, die sie schuldlos mißachten darf. Sogar das Sakrament der Ehe, das verletzt wird, ist weniger heilig als das Glück der Liebenden. Ohne Scheu bitten sie in Bedrängnis Gott um Hilfe. Und der erhört die Ehebrecher. Nicht die Kirche ist das Maß aller Dinge, sondern der Mensch.

Über den Dichter dieses mittelalterlichen Versromans ist leider nicht mehr bekannt, als daß er um 1210 in Straßburg gestorben ist. Daß er kein Adliger war, ist anzunehmen. Sein Bild in der Manessischen Liederhandschrift ist ohne Wappen, und von den anderen Dichtern der Zeit wird er immer Meister, nicht, wie es einem Ritter zukäme, Herr genannt. Auch spricht für seine Bürgerlichkeit, daß er zwar das Kultiviert-Höfische sehr schätzt, dem eigentlich Ritterlichen gegenüber sich aber teilnahmslos bis ablehnend verhält. Schlachtenschilderungen findet man bei ihm seltener als in anderen Dichtungen der Zeit, und Turnierkämpfe übergeht er oft mit deutlichem Desinteresse. Ungewöhnlich hohe Achtung dagegen hat er für den Kaufmannsstand, dessen reiche Entfaltung zu seiner Zeit erst begann. Das Wort edel, das bis zu ihm nur adlige Herkunft bezeichnete, hat er als erster mittelhochdeutscher Dichter auf ethische Bereiche übertragen. Nicht ihrer edlen Geburt, sondern ihrer edlen Herzen wegen sind Isolde und Tristan moralisch befugt, Ordnungen zu mißachten. Die Krise des mittelalterlichen Weltbildes, durch das Erstarken des Bürgertums in den Städten ökonomisch vorbereitet, bahnt sich hier an. Vierhundert Jahre später taugt die Ritterlichkeit eines Don Quijote nur noch zur Parodie.

Leider ist dieses großartige Gedicht Fragment geblieben. Nach fast 20000 Versen bricht es ab, als Tristan der anderen Isolde, der mit den weißen Händen, begegnet. Zweimal ist es bis zum Ende der Sage ergänzt worden: 20 Jahre nach Gottfrieds Tod von Ulrich von Thürheim, 60 Jahre danach von Heinrich von Freiberg.

Für die Nacherzählung in Prosa wurde im wesentlichen der Schluß Ulrichs von Thürheim verwendet, weil dieser strenger der Fabel folgt als der weitschweifige Heinrich von Freiberg. Ansonsten wurde versucht, eine dem modernen Leser angemessene Art des Erzählens zu finden und dabei so nahe wie möglich an Gottfrieds Versen zu bleiben.

Ohne Verkürzungen und Umstellungen war das freilich nicht zu machen.
Neuhochdeutsche Übersetzungen habe ich verschiedene benutzt. Besonders verpflichtet aber ist der Nacherzähler der neuesten von Günter Kramer (Berlin 1966), die jedem empfohlen sei, der Gottfried vollständig lesen will und des Mittelhochdeutschen nicht mächtig ist. Aber auch dem wird der Lesegenuß sich erhöhen, wenn er sich den Text im Original daneben legt. Denn die Schönheit der Verse läßt sich nur an diesen selbst entdecken.

Günter de Bruyn